ぽんこつ主婦の
いつもの食材で パパっと
"高見え" レシピ

橋本 彩

ダイヤモンド社

はじめに

こんにちは、橋本彩と申します。

この本を手に取っていただきありがとうございます。私は、Instagramで、「**ぽんこつ主婦**」という名前で、日常のごはんとそのレシピを発信しています。ありがたいことに、現在27万人近い方々にフォローしていただき、2冊目のレシピ本となる本書を出版することになりました。

私は名前の通り、料理以外の家事は掃除も洗濯も苦手で、一日中寝ていたニートの時期もあったほど、本性はぐうたらな主婦です（笑）。大雑把で忘れっぽくて、テキトーな"ぽんこつ主婦"ぐあいは昔から変わっていませんが、Instagramで好きな料理を発信し続けたことで、書籍を出させていただくまでになりました。「ぽんこつ主婦」と命名した私の夫は「本当にちゃっかりしたヤツだな〜」と思っていると思います（笑）。

私の料理の特徴は、スーパーで安売りしているようなごく普通の食材や調味料を使って、新しい組み合わせや味付けを考えたり、切り方や盛り付けを変化させて、普段の家庭料理を、**味も見た目も、ひとひねりある"高見え"料理**にすること。かけた手間や金額よりも、豪華においしく作ることができたら、もう、何よりも嬉しいのです！

そんなわけで、本書では、**鶏むね肉や、豚こま肉、缶詰**などを中心としたお財布にやさしい"プチプラ食材"しばりで多数の"高見えレシピ"を提案させていただきました。プチプラの服でも、着こなし次第で高見えするのと同様に、プチプラ食材でも、ちょっとしたアイディアや"魅せ方"次第で家族やお友達が「おーっ！　すごいおいしそう！！　いつもとなんか違う！！」と喜んでくれる、こじ

ゃれた外食レベルの高見えごはんが作れます。そうすると料理をする自分自身のやる気にもどんどんつながってくるのです。

また、私はもともと面倒くさがり屋なので、工程を省いてもおいしく作ることができる**「手抜きベストライン」（笑）**を、日々、実験、研究しております。料理のルール通りでなくても、結果が同じ、もしくは特別大きな変化がないのであれば、時間がかかりすぎる面倒な工程はないほうがいいですよね。本書では、私が実験を繰り返し、失敗を重ねながら発見した、最も簡単にできる工程をのせておりますので、ぜひ試してみてください。

本書によって、読者の皆様のお料理が、より簡単でおいしく楽しくなり、家族の笑顔を増やすお手伝いができれば、著者としてこれ以上嬉しいことはありません。

目指せ
高見え!!

CONTENTS

CONTENTS

CHAPTER 3

にんじん、キャベツ、なす、小松菜、
きゅうり、じゃがいも……etc.

定番野菜12種の
レンチン＆
和えるだけ
超速副菜 ……………81

きれいに見えて、しかもラク！
副菜を高見えさせる「切り方」のコツ

お料理が映えて、出番が多い！
「器選び」のポイント

本書の「たれ・ドレッシング」を使い回して、こんな一品も作れます！

ぶりの中華ねぎソース／フライパン蒸し野菜／ズッキーニとえのきのジョン／水餃子／ほうれん草とベーコンのシーザーソテー／焼きキャベツとウインナーのホットシーザーサラダ／キムチタルタル厚揚げ南蛮／キムチタルタルカレー／ししゃもとなすの香味南蛮／中華風香味漬けまぐろ丼／たことエリンギのエスカルゴ風チーズパン粉焼き／ディアボラ和風ハンバーグ／かつおのたたき／ニラのおひたし／焼きおにぎりと焼きしいたけ／おつまみきゅうりとキャベツ／たことたたききゅうりのねぎまみれ／鮭とアスパラのねぎ塩和え／しらすの梅柚子こしょう冷製パスタ／トマトの梅柚子こしょうサラダ

本書で使っている「時短」ワザ！

料理ってほんのちょっとした「面倒くささ」がやる気をそぎますよね。
そのハードルをできる限りなくすために、
私がいつも使っている時短ワザをご紹介します。

時短ワザ
1

洗い物をなるべく減らすワザ

料理を作る工程の中で、いちいち洗い物が発生すると料理を作ること自体が面倒に思えてしまいます。
なるべく洗い物を減らし、料理のモチベーションをキープしましょう。

フライパンをまな板やバット代わりに

フライパンをあらかじめ熱しておかない「コールドスタート」レシピでは、薄切り肉などはフライパンの中でハサミでカットすれば、まな板も不要。バット代わりにしてそのまま、下味もつけられます。

まな板で切る時は、野菜→肉の順番で

もし、1枚のまな板で切らないといけない場合には、野菜→肉の順番で切ります。肉を切ってしまうと洗わないといけないので、肉をまな板で切る場合は、一番最後に。

調味料を量る時は、粉→液体のもの

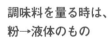

計量スプーンで調味料を量る時は、まず砂糖や塩、片栗粉などの粉モノを量り、その後しょうゆ、酒などの液体を量ると、洗う回数が減ります。

和え物は塩揉みしたりレンチンしたボウルの中でする

3章で紹介している副菜は、塩揉みしたりレンチンしたボウルの空いたスペースで調味料を混ぜ合わせてから、具材に絡めます。こうすればボウル1つですみ、簡単にムラなく混ぜられます。

時短ワザ
2

調理中に手を洗う回数を減らすワザ

洗う回数を減らしたいのは「手」も同様。手がぬるぬるになって、
何度も石鹸で洗って拭くという作業が意外に面倒だったりします。

ビニール袋を徹底活用！洗い物も減る

野菜の塩揉みをするにも、お肉に下味をつけたり片栗粉や小麦粉を付けるにもビニール袋はとにかく便利。洗い物を減らすのにも一役買います。

肉をさわる前にフライパンに油をひいておく

肉を切ったり成形して「さあ、油をひこう」と思うと、手がベタベタ、ってことありますよね。最初から油をひいておけば、作業もスムーズな上、手を洗う回数は1回ですみます。

時短ワザ
3

電子レンジをうまく使うワザ

主菜をフライパンなどで作っている間に、副菜をレンジで作れると、ぐっと時短に。
3章でも書いていますが、レンチンには私なりのコツがあります。

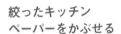

絞ったキッチンペーパーをかぶせる

じゃがいもなど、ムラなくしっとりさせたいものは、食べやすい大きさに切った後、ぬらして絞ったキッチンペーパーをかけてラップをします。

ラップはかならずふんわりかける

レンジで加熱する時には、ラップはかならずふんわりかけること。ぴっちりかけてしまうと蒸気でやぶれてしまうことがあります。程よく熱を逃し、食品やボウルが熱くなりすぎない効果も。

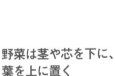

野菜は茎や芯を下に、葉を上に置く

葉と茎、葉と芯で固さが違う野菜はそれぞれを分けて、固い方（茎や芯など）を下に、やわらかい方（葉）を上に置くようにします。

加熱後、すぐ混ぜて加熱ムラをなくす

電子レンジはどうしても加熱ムラができることがあります。特に調味料も一緒に加熱しているものは加熱後すぐに全体を混ぜて余熱でムラをなくすようにします。

時短ワザ

4

揚げ物を、超簡単にするワザ

揚げ物を面倒と感じる人は多いようですね。
でもこのやり方なら、すごく簡単！　毎日でもやりたくなりますよ。

フライパンに大さじ3～
深さ1cmの油でOK

本書のレシピは、唐揚げやフライ
も、フライパンの底から多くても
1cmの油でOK。これできちんと
カラリと揚がります。油の処理も
ラクちんです。

フライは、水溶き小麦粉＋
パン粉で、超楽勝に

小麦粉→卵→パン粉という手間が
超面倒なフライ。でも、食材をビ
ニール袋に入れ、水溶き小麦粉を
絡め、最後にパン粉を付けるだけ
なら、手も汚れない。

揚げ物の油切りは、
魚焼きグリルで

油を切るバットを出すのは、場所
も取るしベタつくし、結構、面倒。
魚焼きグリルにキッチンペーパー
を敷いて油切りすれば、省スペー
スですごく便利！

本書の見方・決まり

● 本書の分量は作りやすい分量を基本としていま
す。2人分になっているレシピが多いですが、だ
いたいの目安とお考えください。また加熱時間
も目安です。様子を見ながら加減してください。

● 材料の分量で、個数とg数が併記してある場合、
g数が正確な量です（個数は参考です）。また、
すべて、正味の重量です。

● 小さじ1は5ml、大さじ1は15mlです。

● 特に記載がない場合、しょうゆは濃口しょうゆ、
みそは合わせみそ、バターは有塩、だしはかつ
おだし、めんつゆは3倍濃縮、梅干しは赤シソ
の入った8％の塩分のものを使用しています。

● ニラやねぎの「1本」は「1株」のことです。

● 特に記載がない場合、野菜は洗う、皮をむくな
どの下処理をすませてからの手順になります。
（肉の下処理はp28を参照）

● 揚げ油は分量外で表記していますが、特に指定
がない限り、サラダ油を使用しています。

● 特に指定がない場合は、中火です。

● 電子レンジは、600Wのもの、オーブントースタ
ーは280度での加熱時間です。機種にもよりま
すので、少し少ない分数から様子を見ながら加
熱時間を調整してください。また電子レンジに
は、ガラスや耐熱コンテナなどの容器を使用し
てください（琺瑯は電子レンジには使えません）。

● 一緒に盛り付けている添え物の野菜は、レシピ
には入れていません。また、写真はレシピでで
きあがる全量ではない場合があります。

● 副菜のページにあるアイコンは下記の意味を表
します。

お弁当	作りおき	おつまみ
お弁当のおかず	作りおき	おつまみ
におすすめ	におすすめ	におすすめ

便利グッズ＆食材＆調味料を使うワザ

便利グッズや食材、調味料は、是非取り入れて。
100円ショップのものでも意外に使えるものがありますのでいろいろ試してみて！

使いやすいフライパンを

フライパンの出番は多いので、使いやすさはとても大事。私が使っているのは、バッラリーニのフライパン。長く愛用しています。28cm、26cm、20cmの3サイズがあれば便利。

キッチンバサミは万能

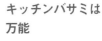

肉を切ったり、下処理したり、野菜を切ったり、キッチンバサミは万能に使えます。自分の使いやすいお気に入りを見つけると重宝します。

ダイソーの千切りピーラーで飛躍的な時短！

にんじん、大根、ごぼうなどを千切りできるピーラー。面倒な千切りが削るだけでできるので副菜作りが飛躍的にラクに！

指先トング、地味に便利

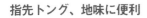

自分の指の延長線上のように使える小さめのトング。肉を広げたり、焼いたりするのに手を汚さなくていいので意外に使えます。

中華麺は焼きそば麺を

お湯を沸かして中華麺をゆでるのって結構面倒。焼きそば麺なら小麦粉がついてないのでレンジ加熱で使えるから便利！

ふり入れタイプの小麦粉＆片栗粉

量って水溶きにする時はともかく、肉や野菜にパパっとまぶしたりするような時には、このふり入れタイプの小麦粉＆片栗粉があるとらくちんです。

ぽんこつ主婦の
いつもの"プチプラ食材"を使い回して

高見え献立
5日間！

鶏むね肉や、豚こま肉、もやし、ニラなどの
スーパーで安く買える"プチプラ食材"だけでも、
レシピや献立の立て方次第で、
外食レベルに「高見え」するおしゃれごはんは作れます！
ぽんこつ主婦が、5日間の"シーン別"に
おもてなしにも使える「高見え献立」を提案します。

買い物したのは
この"プチプラ食材"だけ！

肉

・豚こま切れ肉
　大パック

・鶏むね肉
　2枚

卵・豆腐・野菜など

・たまご　1パック

・豆腐（絹と木綿）

・餃子の皮
・ちくわ
・めかぶ

・パプリカ、トマト、
　きゅうり、オクラ、大葉、
　ニラ、もやし、レタス、
　かいわれ、レモン

家にある常備食材

・サバ缶	・ツナ缶	・ベーコン	・チーズ	・明太子（冷凍）
・わかめ	・ザーサイ	・キムチ	・焼きそば麺	・玉ねぎ
・にんじん	・にんにく	・長ねぎ	・シーフードミックス	

これで5日間、毎日
「高見え献立」を作ります！

DAY 1

女友達が来る日は、
韓国風ピリ辛ごはん

女子人気No1の韓国ごはんなら、
歓声があがること間違いなし！

シーフードミックスでうまみあふれる魚介だし！

海鮮スンドゥブ風キムチチゲ

材料・2人分

- 絹豆腐‥‥‥‥‥‥1丁（300ｇ）
- 白菜キムチ‥‥‥‥‥‥‥100ｇ
- 冷凍シーフードミックス 100ｇ
- 卵‥‥‥‥‥‥‥‥‥‥‥‥2個
- ニラ‥‥‥‥‥‥‥‥‥‥‥5本
- ごま油‥‥‥‥‥‥‥‥小さじ2
- 酒‥‥‥‥‥‥‥‥‥‥大さじ2

A
- 水‥‥‥‥‥‥‥‥‥‥500cc
- 鶏ガラスープの素 小さじ1
- 合わせみそ‥‥‥‥大さじ2
- しょうゆ、コチュジャン‥‥‥‥‥‥‥‥‥各大さじ1

作り方

1 シーフードミックスは半解凍にする。鍋に白菜キムチとごま油を入れて火にかけジューと音がしてきてから1〜2分炒める。
2 シーフードミックスを加え、酒を加えて煮立たせる。**A**をすべて入れて再び煮立ったら豆腐をちぎりながら加える。
3 中火でぐつぐつと3分ほど煮込み、3cmに切ったニラを加えてサッと煮る。耐熱の器に1人分ずつ盛り付けて、すぐに中央に卵を落とし、ラップをかけてそれぞれレンジで1分30秒加熱する。

※シーフードミックスはあさり入りを選ぶと本格スンドゥブ風に！

\ POINT /
落とし卵の作り方
それぞれの器に卵を割り入れてレンジ加熱すると黄身と白身の固まり具合がいい感じに！

とろり溶けたチーズに肉をからめて

チーズ豚プルコギ

材料・2人分

- 豚こま切れ肉‥‥‥‥‥‥ 250ｇ
- 玉ねぎ‥‥‥‥‥‥‥‥‥‥½個
- にんじん‥‥‥‥¼個（40ｇ）
- ニラ‥‥‥‥‥‥‥‥‥‥‥5本
- ごま油‥‥‥‥‥‥‥‥小さじ2
- いりごま、ブラックペッパー‥‥‥‥‥‥‥‥‥‥‥各適量

A
- 酒、しょうゆ、みりん、オイスターソース‥‥‥‥‥‥‥‥各大さじ1
- コチュジャン、砂糖‥‥‥‥‥‥‥各小さじ2

B
- ピザ用チーズ‥‥‥‥‥50ｇ
- 片栗粉‥‥‥‥‥‥小さじ½
- 牛乳‥‥‥‥‥大さじ2と½

- レタス、白菜キムチ‥ お好みで

作り方

1 玉ねぎはくし切り、にんじんは短冊切り、ニラは3cmに切る。
2 豚こま切れ肉はビニール袋に入れて**A**を入れ、よく揉み込む。
3 フライパンにごま油をひいて熱し、玉ねぎとにんじんを入れて中火で炒め、玉ねぎの端が透き通ってきたら2を入れて炒め合わせる。
4 肉の色が変わったらニラを加えてサッと炒めて火を止め中央を開けておく。
5 小さめの耐熱容器に**B**を入れて混ぜ、レンジで40秒ほど加熱してすぐに混ぜる。これを4の中央に注ぎ入れる。肉に、いりごま、ブラックペッパーをふる。肉にチーズを絡め、お好みでレタスなどの野菜にキムチやコチュジャンと一緒に巻いて食べる。

\ POINT /
とろーりチーズ
チーズに牛乳と片栗粉を加えレンジ加熱したチーズソースは時間がたってもとろりとしたまま！

＼ 高見えPOINT ／

フライパンごと出すと、
韓国食堂風！
アツアツのまま
食べられる！

DAY 2

義理の母が突然、来訪!
パパっと中華麺ランチ

気をつかいすぎず、でも高級感も
ある麺ランチがちょうどいい!

高級チャイニーズに見えるかも?
蒸し鶏ときゅうりの中華あえ麺

材料・2人分

- 鶏むね肉………1枚（300 g）
- 焼きそば麺………………2袋
- きゅうり………………1本

A	酒………………大さじ1
	砂糖………………小さじ1
	塩………………小さじ½

〈中華ねぎソース〉

- 長ねぎ（みじん切り）……½本

B	しょうゆ、酢、オイスターソース、ごま油 ………各大さじ2
	豆板醤………………小さじ2
	砂糖………………小さじ1

- ラー油………………お好みで
- かいわれ………………あれば

作り方

1 鶏むね肉は皮をはがして厚みを開き、耐熱容器に入れる。**A**を揉み込み、ふんわりとラップをかけてレンジで4分加熱し、フォークなどでほぐして蒸し汁にひたしておく。きゅうりは千切りにする。長ねぎは**B**と合わせ、〈中華ねぎソース〉を作る。

2 焼きそば麺は袋に穴をあけ、1袋ずつレンジで1分30秒加熱し、ザルに入れて冷水で締め、水気を切ってお皿に盛り付ける。

3 麺の上にきゅうりと鶏肉を盛り付け、〈中華ねぎソース〉をかけ、ラー油をふる。あればかいわれをのせる。

\ POINT /

むね肉の開き方
親指を真ん中に入れてぎゅっと開く。厚みを均等にしてレンジ加熱すると加熱ムラができにくい

\ POINT /

焼きそば麺で時短!
焼きそば麺を中華麺として使うとゆがく必要がなくレンチンできるので時短になる!

ゆで卵が一気に高見え!
ザーサイのっけ
ゆで卵

材料・2人分

- 卵………………………1個
- ザーサイ（刻む）……………10 g
- 糸とうがらし………………あれば
- ごま油………………………少々

\ POINT /

レンジゆで卵の作り方
1個分のゆで卵ならレンジで作るのが便利。爆発・火災防止のため、卵はすき間なくホイルでくるみ、水に全部つかるようにしてください。やけどにも注意!

作り方

1 卵はアルミホイルで包み、マグカップなどの深めの耐熱容器に入れて水を注ぎ、レンジで10分加熱して殻をむく。

2 半分に切り、ザーサイと糸とうがらしをのせて、ごま油をたらす。

星形のオクラがかわいい!
わかめとオクラの
注ぐだけ中華スープ

材料・1人分

- オクラ………………………1本

A	乾燥わかめ………………………1g
	鶏ガラスープの素………………小さじ1
	しょうゆ、酢、ごま油…………各小さじ½

- ブラックペッパー、いりごま………お好みで
- 熱湯………………………200cc

作り方

1 オクラは薄切りにし、**A**とスープカップに入れる。

2 熱湯を注ぎ入れ、ブラックペッパーといりごまをふる。

\ 高見えPOINT /

四川風のねぎソースで
見た目も味も
プロっぽく！

DAY 3

会社の後輩が打ち合わせに
エスニックごはんで
ヘルシーに

家で作るのが難しそうなタイごはん。
パパっとヘルシーに作ると、尊敬されそう！

肉がなくても大満足の見た目と食べごたえ

豆腐そぼろガパオ

材料・2人分

- 木綿豆腐‥‥‥‥‥1丁（400ｇ）
- 卵‥‥‥‥‥‥‥‥‥‥‥‥‥2個
- 玉ねぎ‥‥‥‥‥‥‥‥‥‥½個
- パプリカ‥‥‥‥‥‥‥‥‥⅓個
- 大葉（ちぎる）‥‥‥‥‥‥10枚
- オリーブオイル‥‥‥‥小さじ2
- ごはん‥‥‥‥‥‥‥‥‥2膳分

A
- ナンプラー、オイスター
  ソース‥‥‥‥各大さじ1
- しょうゆ、鶏ガラスープの
  素‥‥‥‥‥‥各小さじ1
- 酢‥‥‥‥‥‥‥‥小さじ2
- にんにくチューブ‥‥5cm
- レモン‥‥‥‥‥‥‥‥‥あれば

作り方

1 玉ねぎとパプリカは繊維を断つ方向に薄切りする。フライパンにオリーブオイルと木綿豆腐を入れて強めの中火にかけ、ほぐしながら炒める。ほぐれたらそのまま放置し、ときどき混ぜながら水分を飛ばす。その間にAを混ぜておく。

2 5分ほど加熱して水分が出てこなくなったら、玉ねぎとパプリカを加えて炒めAを投入し、水分がなくなるまで炒める。火を止めて大葉を混ぜ、ごはんの上にのせる。多めの油（分量外）でカリっと焼いた目玉焼きをのせてブラックペッパーをふる。あればレモンを添える。

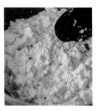

\ POINT /
豆腐の炒め方
木綿豆腐はほぐしながら水分が出なくなるまで炒める

\ POINT /
**調味料は
混ぜ合わせて**
混ぜ合わせたAを注ぎ全体にいきわたらせて、水分がなくなるまで炒める

\ POINT /
**きれいな
目玉焼きは?!**
白身に熱い油をスプーンなどですくってかけながら中火で焼くと固まりにくい部分も固まる

タイ料理屋で出てくるランチスープの味

注ぐだけエスニックスープ

材料・1人分

- もやし‥‥‥‥‥‥‥‥‥‥‥‥‥‥‥‥ひとつかみ
- ニラ‥‥‥‥‥‥‥‥‥‥‥‥‥‥‥‥‥‥‥‥1本

A
- 鶏ガラスープの素‥‥‥‥‥‥‥‥‥‥小さじ1
- ナンプラー、レモン汁、豆板醤‥各小さじ½
- 熱湯‥‥‥‥‥‥‥‥‥‥‥‥‥‥‥‥‥‥150cc

作り方

もやし、3cmに切ったニラとAをスープカップに入れて、熱湯を注ぐ。

\高見えPOINT/

カリっと焼いた
フライドエッグで
本格タイ屋台風！

DAY 4

週の半ばの
お疲れタイムは
夫婦で
ちょい飲み！

ごはんを作るのが面倒な日は
余りもので手をかけず居酒屋風に

包む手間もほぼナシ！

チーズ羽の豚こま棒餃子

材料・2人分

- 豚こま切れ肉…………200g
- 餃子の皮………………10枚
- 小ねぎ（小口切り）………5本
- **A**
  - 酒………………………大さじ1
  - しょうゆ、オイスターソース、片栗粉…各小さじ1
  - にんにく、しょうがチューブ………………各4cm
- ごま油………………大さじ1
- 水………………………60cc
- ピザ用チーズ…………40g
- キムチ………………お好みで

\ POINT /

豚こま棒餃子の包み方

肉を真ん中にのせて折りたたむだけ！ 包む餃子よりずっとラク！

作り方

1 フライパンにごま油を塗り、広げておく。
2 豚こま切れ肉はボウルに入れ、大きいものがあればキッチンバサミでカットする。小ねぎと**A**を入れて揉み込み、餃子の皮にのせて棒状に折りたたみ、フライパンに並べる。
3 火をつけて強めの中火で2分ほど焼く。水を加えて蓋をし、4分蒸し焼きにする。
4 餃子の隙間にチーズをのせ、チーズがカリカリになるまで焼く。ヘラなどで周りからチーズをはがし、皿をのせ、ひっくり返して盛り付ける。お好みでキムチと一緒に食べる。

\ POINT /

羽の作り方

チーズがとけてカリカリになるまでしばらく待って

まるでイカ刺し！ 大葉×明太子でさっぱり

ちくわのしそ明太巻き

材料・2人分

- ちくわ…………………3本
- 大葉……………………6枚
- 明太子（中身を出す）…適量

作り方

1 ちくわは長さを半分に切り、縦に切り込みを入れて広げ、裏側に格子状に包丁を入れる。
2 格子が外側になるように大葉と合わせて巻き、巻き終わりを爪楊枝で止める。
3 明太子をのせる。

\ POINT /

ちくわの切り方

格子状の切り込みを入れて、返すとまるでイカのよう！

高見えPOINT

ビールに合う
居酒屋メニューが
たちまち4品も！

止らない！ 無限レシピ
もやしとツナの旨辛和え

材料・2人分

- もやし……170〜200g
- きゅうり……………1本
- 塩……………小さじ½
- ツナ缶……………1缶
- A {
  酢、しょうゆ、オイ
  スターソース、ご
  ま油…各小さじ1
  砂糖………小さじ½
  豆板醤…………少々
  }
- 糸とうがらし…あれば

作り方

1 もやしはボウルに入れ、ふんわりとラップをかけてレンジで2分加熱する。すぐに混ぜて粗熱を取る。

2 きゅうりは縦半分に切ってから斜め薄切りにし、塩をなじませ5分置く。

3 1と2の水気を絞ってボウルに戻し入れ、軽く油を切ったツナ缶とAの調味料で和える。あれば、糸とうがらしをのせる。

ねばねばコンビがドレッシング代わり
めかぶとオクラの豆腐サラダ

材料・2人分

- 絹豆腐……半丁（150g）
- オクラ……………6本
- 味付きめかぶ
  ……………1パック
- ポン酢………小さじ2
- 刻みのり、梅干し
  ……………適量

作り方

1 オクラは板ずりしてラップにくるみ、レンジで50秒加熱して斜めに切り、味付きめかぶとポン酢で和える。

2 器に豆腐をすくい入れて1をかけ、刻みのりと梅干しをのせる。

DAY 5

週末はママ友家族と
大皿わいわい取り分けごはん

缶詰を使ったパエリアと
むね肉チキンで豪華に！
差し入れのアボカドに合わせ、
余っていた餃子の皮も大変身！

レモンを絞って薬味とよく混ぜて！
サバ缶のカレーパエリア

材料・2人分

- サバ水煮缶 …………… 1缶
- パプリカ …………… ⅓個
- ハーフベーコン …… 4枚
- 米 ………………… 1.5合
- 玉ねぎ ……………… ½個
- にんにく …………… 1片
- カレー粉 ……… 小さじ2
- ケチャップ …… 大さじ1
- オリーブオイル 大さじ2
- A コンソメ …… 小さじ1
  しょうゆ、酒
  ………… 各大さじ1
- かいわれ、大葉… 各適量
- レモン …………… あれば

作り方

1 サバ缶は身と煮汁に分ける。身はあらくほぐしてカレー粉小さじ½（分量外）をふって混ぜておく。煮汁は計量カップに入れ、**A**を加え、300ccのメモリまで水を注いでおく。

2 玉ねぎとにんにくをみじん切りにする。ベーコンは細切りにする。フライパンににんにくとオリーブオイルを入れて火にかける。香りが立ったらベーコンと玉ねぎを加え、玉ねぎが透き通るまで炒める。

3 カレー粉を加えて炒め、香りが立ったら米とケチャップを加えて炒め合わせる。油が回ったら1の汁を加えて煮立たせる。サバの身と細切りにしたパプリカをのせて2分ほどぐつぐつ加熱し、蓋をして弱火で15分蒸す。蓋を開けてパチパチ音がなるように強火で1分加熱したあと、10分蒸らして完成。かいわれと大葉、あればレモンを飾る。

\ POINT /
サバ缶の煮汁は捨てない
身と煮汁に分けて、身にはカレー粉をかけておく

\ POINT /
フライパンは蓋をして
米を炒めて煮汁とサバの身とパプリカを入れたら、蓋をして蒸す

\ 高見えPOINT /

残りものと
常備食材だけで
華やかなもてなしごはんが
できるなんて！

たたいて伸ばした鶏むね肉がクリスピー!

ザクザクチキンのシーザーサラダ

材料・2人分

- 鶏むね肉…1枚（300ｇ）
- フリルレタスなどの
  葉野菜……………適量
- トマト、きゅうり …適量
- 片栗粉………大さじ6〜7

A
| しょうゆ
  ………大さじ1と½
| 酒 …………… 大さじ1
| にんにく、しょうがチ
  ューブ ………各4cm

〈シーザー風ドレッシング〉
マヨネーズ ……大さじ3
粉チーズ、牛乳…各大さじ2
レモン汁…………小さじ1
にんにくチューブ……3cm
塩 ………………………少々
ブラックペッパー……適量

作り方

1 鶏むね肉は皮をはがして厚みを開き、ビニール袋に入れる。こぶしやめん棒などでたたき、なるべく薄く広げる。

2 Aの調味料を加えて揉み込み、片栗粉を大さじ3加えて粉っぽさがなくなるまで更に揉む。肉の両側に大さじ2ずつ片栗粉をまぶして袋の口を開け、10分置く。

3 フライパンの深さ5mmまで油を注いで熱し、2を広げて2分、上下を返して1分半ほど強めの中火で揚げ焼きにする。

4 油を切って取り出し、食べやすい大きさにカットする。

5 皿に野菜を盛り付け、4をのせ、〈シーザー風ドレッシング〉をかける。

\ POINT /

むね肉を大きく!
むね肉が1枚しかなくても、たたいて伸ばせばビッグサイズに!

\ POINT /

ザクザクさせるには
調味料と片栗粉が混ざり、ダマダマになったところが、ザクザク食感になる

残りものの餃子の皮がオシャレなチップに!

餃子皮チップ＆メキシカンディップ

材料・2人分

- 餃子の皮………………5枚
- オリーブオイル……適量
〈アボカドチーズディップ〉
- アボカド………………1個

A
| 塩 …… 小さじ⅓〜½
| レモン汁 …… 小さじ2
| にんにくチューブ
  …………………2cm
| 粉チーズ …… 大さじ1

〈大葉香るレモンじょうゆ
のサルサディップ〉
- トマト ………………1個
- きゅうり……………½本
- 大葉 …………………5枚

B
| ケチャップ… 大さじ1
| レモン汁 …… 小さじ1
| 塩、しょうゆ
  …………… 各小さじ½
- お好みでタバスコ…適量
※きゅうりはピーマンに変えてもOK

作り方

1 餃子の皮は4等分にカットしてトースターの天板に並べ、オリーブオイルをふってこんがり焼く。

2 アボカドは包丁で縦に一周ぐるりと切り込みを入れて半分にしてから種を取り、スプーンなどで実を取り出して潰す。Aを入れてよく混ぜアボカドディップを作る。

3 きゅうりと大葉はみじん切り、トマトは角切りにしてすべてボウルに入れ、Bの調味料を加えてサルサディップを作る。

\ POINT /

餃子の皮が大変身
扇形に切って、オリーブオイルをかけて、トースターで焼くだけ。冷めてもパリッパリ!

いつものプチプラ食材で「わっ、すごい！」と言わせる

"高見え"ごはんを作る 10のコツ

前章の"高見え献立5日間"のように、鶏むね肉と豚こま肉と
常備食材だけでも、こじゃれ風の料理は作れます。
そのちょっとしたコツを、まず紹介します！

1 エスニック料理を真似すると高見えする！

例：パッタイ風エスニック焼きうどん→p68

韓国料理やタイ料理などの「エスニック料理」は家では作れないイメージがあるからか、人気のある外食メニューですよね。だからこそ、お家で出せば、高見えします。特別な食材がいると思われがちですが、私の作るレシピはあくまで「風」なので、普通のスーパーで買える食材で全部代用しています。ただし、左の調味料だけは、そろえておくことをおすすめします。具体的には、コチュジャンと、豆板醤、甜麺醤、ナンプラーなど。これらの調味料は、エスニック風メニューに限らず、加えるとパンチのある味になるので、お酒に合うメニューを作る時にも便利です。

2 切り方でいつもの食材が別の顔に！

たとえば、ちくわだと普段、輪切りにすることが多いと思いますが、縦半分にして斜め切りにすると「いかくん」のように、ひっくり返して切り込みを入れると「いか刺し」のように見えます。肉や野菜も切り方によって、見え方はもちろん食感も変わります（p28、102も参考に）。

例：もやしとちくわの梅マリネ →p100

例：ちくわのしそ明太巻き →p20

薬味やトッピング、添え野菜を上手に使う！ 3

小ねぎ、大葉、かいわれ、パセリなどの薬味や、刻みのり、糸とうがらし、ピーナッツなどのトッピングをのせるだけで、いつもの家庭料理が急に外メシ風になります。意外に使えるのが「かいわれ」。ハート型でかわいらしく、安いのに高見えします（薬味などの保存方法はp80を参考に）。また、肉など茶色い料理の時は、添える野菜があるかないかで大違い。キャベツの千切りや、大葉、ベビーリーフなどがあると栄養価も見映えもぐんとアップします。

例：蒸し鶏ときゅうりの中華あえ麺→p16

例：キムチタルタルのひとくちチキン南蛮→p34

やっぱり、卵はフォトジェニック！ 4

のせるだけで、ぱっと華やかになり、味にコクも出て一石二鳥なのが卵です。生の卵黄をのせることもあれば、レンチン温泉卵、カリっと焼いた目玉焼きなど、バリエーションもいろいろ。黄身がとろーりと流れ出すさまは誰もが「おいしそう！」と思う瞬間です（きれいな作り方は、p18を参考に）。

例：サバみそ缶の台湾混ぜそば風→p76

例：豆腐そぼろガパオ→p18

お肉は大きいまま調理するとごちそう風 5

鶏むね肉やもも肉は、大きいまま調理すると、ごちそう風になります。むね肉はたたいて伸ばすとビッグサイズになるし、もも肉は1枚で揚げたり焼いたりして、そこにソースやたれがかかっているとさらにレストラン風です。

例：バジルのチキンサラダ→p41

例：マッシュポテトの肉巻きステーキ→p44

薄切り肉は巻くと大きくなる！ 6

豚バラ肉は何かに巻いて使うと、少ししかなくても主菜が一品できます。ここでは、マッシュポテトを巻いたり、えのきを巻いたりしたレシピを載せましたが、野菜以外にも、ゆで卵を巻いたり、おにぎりを巻いたり、肉巻きはいろんな応用がききますよ。

お肉はテリテリ、ツヤツヤ仕上げで見映えUP！ 7

お肉料理は、テリテリやツヤツヤだとみんな「おいしそう！」って本能的に思うみたい。片栗粉や小麦粉を材料に加えているレシピが多いので、最後に調味料を煮詰めて絡ませたり、ソースとしてかけることで「テリテリ、ツヤツヤ」になります。

例：もやしのにんにく照り焼きハンバーグ
→p55

例：ハムと卵の焼き春巻き
→p61

例：餃子皮の絶品ラザニア
→p53

春巻の皮、餃子の皮はとりあえず常備！

ハムや卵、缶詰しかなくても、春巻きや餃子にすると、見映えよい主菜になるから「皮」はとても便利。さらに、餃子の皮は、焼くだけでチップスになったり（p23）、ラザニアにもなったりと変幻自在（笑）。冷凍もできるので常備しておくと何かと重宝します（保存方法はp80を参考に）。

8

とろみをつけると「上品顔」に！

卵や豆腐や野菜は、水溶き片栗粉を入れて「とろみ」をつけると上品で高見えする一品になります。卵の上にあんかけしたり、お豆腐にとろみをつけたり。コツは直前までとろみをつけるものを沸かして火を止め、混ぜながら水溶き片栗粉を入れ、再度しっかり加熱すること。便利なふり入れタイプの片栗粉を利用しても（ｐ11も参考に）。

9

例：サンラータン風とろみトマト豆腐
→p72

例：ピリ辛ナポリタンうどん
→p65

例：ふわふわカニたま風あんかけごはん→p59

丼や麺にすればプチプラ食材が立派な1食に 10

買い物に行けなくて肉がちょっぴりしかない、缶詰やシーフードミックス、卵などの常備食材しかない、なんていう時は、丼や麺に仕立てると立派な1食になります。麺は、スパゲッティ以外にも、冷凍うどんや焼きそば麺を常備しておくと、さまざまなバリエーションが作れます。

CHAPTER 1

鶏むね＆もも肉、豚こま肉、ひき肉

定番のお肉で、みんな大好き！ガッツリごはん

CHICKEN、SLICED PORK、MINCED MEAT

このひと手間で、数倍おいしく、見映えよくなる！
肉の切り方や下処理の方法

鶏のむね肉やもも肉は、切り方や下処理の仕方を知っているだけで、
おいしさやできあがりの見映えの良さが変わります。
ほんのひと手間なので、是非、やってみて！

鶏むね肉の下処理

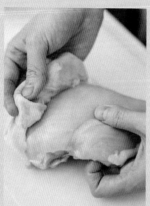

皮の中に親指を入れて身からはがします。

身についている筋や黄色い脂肪があれば取り除きます。

包丁をキッチンバサミに替えてもOK！
続けて肉を切らないなら下処理はキッチンバサミが便利だし、切るなら包丁のほうが洗い物が少なくなる！

鶏むね肉の切り方

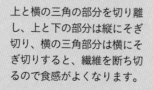

スティック状に切る時はこのように切ります。

上と横の三角の部分を切り離し、上と下の部分は縦にそぎ切り、横の三角部分は横にそぎ切りすると、繊維を断ち切るので食感がよくなります。

鶏ささみの下処理

筋を引き出して、キッチンバサミを広げた根本のところをすっとすべらせると、きれいに筋が取れます。途中で切れても大丈夫。飛び出た太い部分さえ取ってあれば意外と気になりません（笑）。

鶏もも肉の下処理

鶏もも肉には皮との間に臭みの元となる黄色い脂肪がかなりたくさんついています。キッチンバサミで取ると簡単です。

気になる筋を取ります。キッチンバサミを広げた根本のところをすっとすべらせると、きれいに筋が取れます。

鶏もも肉は加熱すると縮んでクルっと曲がるので、キッチンバサミで切り込みをいくつか入れて繊維を断ち切っておきます。

COLUMN

豚薄切り肉の種類は？

一言で豚の薄切り肉と言っても、スーパーに行くといろいろな種類が売っていますよね。本書で使っているのは主に下記の2種類です。「豚こま切れ肉」はいろいろな部位の半端な薄切り肉が入っているもので、最もプチプラですが、おいしく食べるためには「下味を揉み込む」「片栗粉をまぶす」などの〝ひと手間〟が必要です。豚こま切れ肉を、豚バラ肉で代用すると脂っぽく、豚ロース肉で代用するとさっぱりとします。
「豚バラ薄切り肉」は、腹部の肉で、脂が多く、細長い形状で売っていることがほとんど。肉のうまみと脂肪のコクがあり、ただ炒めるだけで豚肉の旨味を最も感じられる部位です。本書で豚バラ薄切り肉のレシピは豚こま切れ肉で代用もできますが、豚バラで作るのが一番おいしくできます。

豚の薄切り肉には他にも、「豚ロース薄切り肉」「豚肩ロース薄切り肉」「豚もも薄切り肉」「豚切り落とし肉」「豚しゃぶしゃぶ用肉」などがあります。部位としては、脂の多い順番に、バラ肉＞肩ロース肉＞ロース肉＞もも肉となります。
また、「切り落とし肉」と表示されているものは「こま切れ肉」より大きいことが多く、「しゃぶしゃぶ肉」と表示されているものは、「こま切れ肉」より薄いものです。代用する場合は、その違いを知って選ぶとよいですよ。

豚こま切れ肉

豚バラ肉

鶏むね肉

プチプラの上に、健康にもよい鶏むね肉。
調理の方法次第で、しっとりとジューシーに
仕上がります。同じ分量のささみでも代用可能です。

\ 高見えPOINT /

鶏むね肉がおしゃれ顔！
整列させて並べると、
とてもかわいい！

おかずにも、おつまみにもなる！

大人の焼きナゲット3種

ひとくち梅こんぶ焼きナゲット

材料・2人分

- 鶏むね肉‥‥‥‥‥‥‥‥‥‥‥1枚（300ｇ）
- 塩こんぶ‥‥‥‥‥‥‥‥‥‥‥‥‥‥‥7ｇ
- 梅干し‥‥‥‥‥‥‥‥‥‥‥‥‥‥‥‥3個
- ごま油‥‥‥‥‥‥‥‥‥‥‥‥‥‥‥大さじ1

A | 酒、マヨネーズ‥‥‥‥‥‥各大さじ1

B | 片栗粉‥‥‥‥‥‥‥‥‥‥‥大さじ3
     | 水‥‥‥‥‥‥‥‥‥‥‥‥‥大さじ1

作り方

1 フライパンにごま油をひいておく。
2 鶏むね肉は5mm角に切ってボウルに入れ、**A**を加えてスプーンで混ぜる。種を取った梅干しを加え、塩こんぶと**B**を加えて梅干しをくずしながらさらに混ぜる。
3 ひと口サイズになるようフライパンに落として並べ、火をつけて3分焼く。こんがりしたら上下を返して蓋をして3分ほど焼く。

照り焼きのりっこ焼きナゲット

材料・2人分

- 鶏むね肉‥‥‥‥‥‥‥‥‥‥‥1枚（300ｇ）
- おにぎりのり（ひと口サイズに切っておく）‥‥‥‥‥‥‥‥‥‥‥‥‥‥‥‥‥‥‥‥‥‥1枚
- ごま油‥‥‥‥‥‥‥‥‥‥‥‥‥‥‥大さじ1

A | 酒、マヨネーズ‥‥‥‥‥‥各大さじ1
     | 片栗粉‥‥‥‥‥‥‥‥‥‥‥大さじ3

B | 塩‥‥‥‥‥‥‥‥‥‥‥‥ひとつまみ
     | しょうがチューブ‥‥‥‥‥‥‥‥3cm
     | 水‥‥‥‥‥‥‥‥‥‥‥‥‥大さじ1

C | しょうゆ、みりん‥‥‥‥‥各大さじ1
     | 砂糖‥‥‥‥‥‥‥‥‥‥‥‥小さじ1

作り方

1 フライパンにごま油をひいておく。
2 鶏むね肉は5mm角に切ってボウルに入れ、**A**を加えてスプーンで混ぜ、**B**を入れてさらに混ぜる。
3 ひと口サイズになるようフライパンに落として並べ、火をつけて3分焼く。加熱しながら表面にのりを貼り付ける。
4 こんがりしたら上下を返して2分焼き、キッチンペーパーで油を吸い取り、**C**を加えて絡める。

もちもち明太チーズ焼きナゲット

材料・2人分

- 鶏むね肉‥‥‥‥‥‥‥‥‥‥‥1枚（300ｇ）
- 明太子（皮から出す）‥‥‥‥‥‥‥‥‥50ｇ
- 切り餅‥‥‥‥‥‥‥‥‥‥‥‥‥‥‥1個
- 大葉（みじん切り）‥‥‥‥‥‥‥‥‥‥5枚
- ピザ用チーズ‥‥‥‥‥‥‥‥‥‥‥‥30ｇ
- ごま油‥‥‥‥‥‥‥‥‥‥‥‥‥‥‥大さじ1

A | 酒、マヨネーズ‥‥‥‥‥‥各大さじ1
     | しょうゆ‥‥‥‥‥‥‥‥‥‥小さじ½

B | 片栗粉‥‥‥‥‥‥‥‥‥‥‥大さじ2
     | 水‥‥‥‥‥‥‥‥‥‥‥‥‥小さじ1

作り方

1 フライパンにごま油をひいておく。切り餅は細かく切る。明太子は、飾り用に少しとり分けておく。
2 鶏むね肉は5mm角に切ってボウルに入れ、**A**を加えてスプーンで混ぜる。明太子、切り餅、大葉、ピザ用チーズと**B**を入れてさらに混ぜる。
3 ひと口サイズになるようフライパンに落として並べ、火をつけて3分焼く。こんがりしたら上下を返し、蓋をして弱火で3分焼き、飾り用の明太子をのせる。

＼ POINT ／
鶏むね肉を5mm角に切るには

1
まず、そぎ切りする

2
そぎ切りしたものを重ねたまま縦に細く切る

3
まな板を90度回して細く切る

＼ POINT ／
よく混ぜる

鶏むね肉はよく混ぜてバラバラにならないように

＼ POINT ／
焼き方

スプーンでひと口ずつ落として焼く

※フードプロセッサーを使用しても！

みそ入りのタレも美味！

ニラチーズチキンチヂミ

材料・2人分

- 鶏むね肉………… 1枚（300ｇ）
- ニラ ……………… ½束
- 酒…………………… 大さじ1
- 鶏ガラスープの素 …… 小さじ1
- ピザ用チーズ………… 50ｇ
- ごま油………………… 大さじ1

A
- 卵 ……………………… 1個
- 小麦粉、片栗粉…各大さじ2
- 水 …………………… 小さじ2

〈チヂミのたれ〉

B
- みそ ………………… 大さじ1
- ポン酢……………… 大さじ2
- 砂糖、ごま油、いりごま ……………… 各小さじ1
- にんにくチューブ…… 2cm

- ラー油、マヨネーズ ……………… お好みで

作り方

1 鶏むね肉は5mm角に切る（前ページの POINT参照）。ボウルに入れて酒と鶏ガ ラスープの素を加えて混ぜ、さらに**A**を 入れて混ぜ合わせる。

2 ニラを3cmに切って加え、ピザ用チーズ も加えて混ぜる。

3 フライパンにごま油をひいてしっかり熱 し、**2**を入れてときどき押しながら3分 焼く。

4 上下を返して同様に3〜4分焼き、取り 出して切り分ける。

5 **B**を混ぜ合わせたタレを添える（ラー油 はお好みでタレに入れる）。さらにお好 みでマヨネーズを添える。

POINT

失敗知らずの 上下の返し方

上下を返す時は、まず チヂミを皿にそのまま すべらせ、皿の上にフ ライパンをのせて、皿 とフライパンを一緒に 返すと簡単に返せる

＼ 高見えPOINT ／

一列ずつ、 端を重ねて 並べるとキレイ！

カツの衣にジュワッとしみ込む

チキンカツのおろし煮

- 鶏むね肉（大）‥1枚（400ｇ）
- 塩……………………… 小さじ½
- 酒……………………… 大さじ1
- 小麦粉………………… 大さじ3
- 水……………………… 大さじ2
- パン粉…………………… 適量
- サラダ油……………… 大さじ3

A
- 大根おろし ………… 100ｇ
  （汁気を軽く切る。少量をトッピング用に取り分けておく）
- めんつゆ(3倍濃縮)… 50cc
- ポン酢……………… 大さじ1
- 水 ………………… 150cc
- 小ねぎ（小口切り）……… 適量
- お好みで梅干し………… 1個

作り方

1 鶏むね肉はひと口大のそぎ切りにしてビニール袋に入れ、塩と酒を加えてよく揉み込む。

2 小麦粉と水を加えてまんべんなく揉み、取り出してパン粉を付けて、5分置く。

3 フライパンにサラダ油をひいて熱し、**2** を入れて3分、上下を返して2分ほど揚げ焼きにして取り出す。

4 フライパンの油を拭き取り、**A**を入れて火にかける。煮立ったら**3**を戻し入れて30秒くらいサッと煮て盛り付け、トッピング用の大根おろしとたたいた梅干し、小ねぎをのせる。

\ POINT /

フライはこれで楽勝！

小麦粉と水を加えたビニール袋で揉んでパン粉をつければ、手も汚れない！ 揚げ油も少量でOK！

\ 高見えPOINT /

手が込んでそうに
見えて
実は簡単!

キムチと卵が好相性！

キムチタルタルの
ひとくちチキン南蛮

材料・2人分

・鶏むね肉（大）‥1枚（400g）
・塩、こしょう ………… 各少々
・サラダ油…………… 大さじ3

A
卵 ……………………… 1個
小麦粉、片栗粉
　　　　　…… 各大さじ2
水 ………………… 小さじ1

B
しょうゆ、酢、砂糖
　　　　……………… 各大さじ2

〈キムチタルタル〉
・ゆで卵………………… 1個
・白菜キムチ …………… 40g
・マヨネーズ ………… 大さじ2

作り方

1 ゆで卵は潰して、刻んだ白菜キムチとマヨネーズで和え、〈キムチタルタル〉を作り冷蔵庫に入れておく。

2 ボウルにAを合わせて衣をつくる。鶏むね肉はひと口大のそぎ切りにし、塩、こしょうで下味を付け、衣のボウルに入れる。

3 フライパンにサラダ油を入れて熱し、2を入れて2分焼く。上下を返してさらに2分焼き、火をつけたままキッチンペーパーでフライパンの油をふき取る。

4 Bを加えて照りが出るまで絡め、盛り付けて1をかける。

\ POINT /
肉を入れるのは？
しっかり熱したフライパンに入れると、衣が広がらない

\ 高見えPOINT /

いつもと違うタルタルで特別感あるおかずに！

絶品の
香味だれが、
食欲をそそる！

\ POINT /
揉み込む！
ビニール袋に入れて手
の温度であたためるよ
うに、しっかり揉み込
むとしっとりやわらか
く！

薬味好きにはたまらない！
鶏むね肉の香味中華マリネ

材料・2人分

・鶏むね肉…………1枚（300ｇ）
・酒……………………………大さじ1
・塩……………………………小さじ½
・片栗粉………………………適量
・ごま油………………………大さじ1

〈香味中華だれ〉
・みょうが（みじん切り）…1本
・長ねぎまたは小ねぎ（みじん
　切り）……………………10㎝
・大葉（みじん切り）………5枚
・ポン酢………………………大さじ4
・オイスターソース………大さじ1
・砂糖、ごま油………各小さじ2
・にんにく、しょうがチューブ
　………………………………各3㎝

作り方

1 フライパンにごま油をひいておく。〈香
味中華だれ〉はボウルに合わせておく（み
ょうがはトッピング用に少し残してお
く）。

2 鶏むね肉は食べやすい大きさにそぎ切
りにする。ビニール袋に入れて酒と塩を
揉み込み、片栗粉をまぶす。

3 フライパンに並べ、火をつけて3分焼く。
上下を返して2分焼いたら1のボウルに
入れて和える。冷蔵庫で冷やして、盛り
付けたらみょうがをトッピングする。

ビールに合うパンチある味！

タンドリー
フライドチキン

材料・2人分

- 鶏むね肉‥‥‥‥‥‥‥‥‥‥1枚（300g）
- 塩‥‥‥‥‥‥‥‥‥‥‥‥‥‥‥小さじ⅓
- 酒‥‥‥‥‥‥‥‥‥‥‥‥‥‥‥‥大さじ1
- 片栗粉‥‥‥‥‥‥‥‥‥‥‥‥大さじ6〜7

A
- マヨネーズ、ケチャップ‥‥各大さじ1
- カレー粉、しょうゆ‥‥‥‥各小さじ2
- 砂糖、みそ‥‥‥‥‥‥‥‥各小さじ1
- にんにくチューブ‥‥‥‥‥‥‥‥‥5cm
- ブラックペッパー‥‥‥‥‥‥‥たっぷり

作り方

1 鶏むね肉はひと口大に切ってビニール袋に入れ、塩と酒を加えてよく揉み込み、**A**を加えて15分以上漬けておく。

2 片栗粉を3回に分けて加えて、その都度揉み込み、衣をつける（ビニール袋内の調味料がすべて衣になるように）。

3 フライパンの深さ1cmまで油（分量外）を注いで熱し、170度になったら**2**を入れて両面2分揚げて取り出し、油を切る。

今日はトースターでラクラク！

鶏むね肉のにんにく
ねぎみそ焼き

材料・2人分

- 鶏むね肉‥‥‥‥‥‥‥‥‥‥1枚（300g）

A
- 塩‥‥‥‥‥‥‥‥‥‥‥‥‥‥‥小さじ⅓
- 酒‥‥‥‥‥‥‥‥‥‥‥‥‥‥‥‥大さじ1

〈にんにくねぎみそ〉
- 長ねぎ（みじん切り）‥‥‥‥‥‥‥½本
- みそ‥‥‥‥‥‥‥‥‥‥‥‥‥‥大さじ2
- マヨネーズ‥‥‥‥‥‥‥‥‥‥‥大さじ1
- にんにくチューブ‥‥‥‥‥‥‥‥‥3cm

作り方

1 〈にんにくねぎみそ〉は合わせておく。

2 鶏むね肉はひと口大のそぎ切りにしてビニール袋に入れ、**A**を加えて揉み込む。

3 トースターの天板に、くっつかないホイル（なければ、普通のホイルに薄くごま油を塗ったものでもOK）を敷いて**2**をのせ、**1**を塗って10分以上こんがりと焼く。

からしポン酢で食べる

味付きかしわ天

材料・2人分

- 鶏むね肉⋯⋯⋯⋯⋯⋯1枚（300ｇ）
- 天ぷら粉⋯⋯⋯⋯⋯⋯⋯⋯⋯50ｇ
- 水⋯⋯⋯⋯⋯⋯⋯⋯⋯⋯⋯⋯80cc

A
- 酒、白だし⋯⋯⋯⋯⋯⋯各大さじ1
- しょうゆ⋯⋯⋯⋯⋯⋯⋯小さじ1
- 砂糖⋯⋯⋯⋯⋯⋯⋯⋯⋯小さじ½
- にんにく、しょうがチューブ⋯各3cm
- からし、ポン酢⋯⋯⋯⋯⋯⋯各適量

作り方

1 鶏むね肉を棒状に切ってビニール袋に入れる。**A**を加えて揉み込み、30分以上漬け込む。
2 ボウルに**1**と天ぷら粉と水を合わせる。
3 フライパンの深さ1cmまで油（分量外）を注いで熱し、170度になったら**2**を入れて中火で2分揚げ焼きにする。上下を返して2分揚げ、油をしっかりと切る。からしポン酢で食べる。

梅のピンクと大葉がかわいい

鶏むね肉の大葉梅柚子こしょう焼き

材料・2人分

- 鶏むね肉⋯⋯⋯⋯⋯⋯⋯⋯1枚（300ｇ）
- 大葉⋯⋯⋯⋯⋯⋯⋯⋯⋯⋯8〜10枚
- 塩⋯⋯⋯⋯⋯⋯⋯⋯⋯⋯⋯小さじ½
- 酒⋯⋯⋯⋯⋯⋯⋯⋯⋯⋯⋯大さじ1
- 片栗粉⋯⋯⋯⋯⋯⋯⋯⋯⋯大さじ2
- オリーブオイル⋯⋯⋯⋯⋯大さじ1

〈**梅柚子こしょうだれ**〉
- 梅干し（たたく）⋯⋯⋯⋯⋯⋯2個
- 柚子こしょう⋯⋯⋯⋯⋯⋯小さじ½
- みりん、酒⋯⋯⋯⋯⋯⋯各大さじ1
- 白だし⋯⋯⋯⋯⋯⋯⋯⋯⋯小さじ1

作り方

1 フライパンにオリーブオイルをひいておく。鶏むね肉はひと口大に切ってビニール袋に入れ、塩と酒を加えて揉み、片栗粉を加えて表面にまぶす。
2 鶏むね肉を大葉でくるみフライパンに並べる。火をつけて両面3分くらいずつ加熱する。
3 〈**梅柚子こしょうだれ**〉を加え、照りが出るまで絡める。

鶏もも肉

味や食感を変えた唐揚げなど、
ひとひねりあるレシピを揃えました。
下処理の仕方はp29を参考に！

付け合わせにパスタを添えても！

鶏肉となすのガリトマ煮

材料・2人分

- 鶏もも肉………1枚（300ｇ）
- なす …………………………2本
- にんにく（みじん切り）…2片
- トマト缶（ホール）………1缶
- オリーブオイル………大さじ2
- 塩、こしょう …………各少々

A｜ 砂糖 ………………………小さじ2
　｜ 塩、コンソメ ……各小さじ1
- しょうゆ………………小さじ1
- パセリ（みじん切り）
　　　　　　　　　　　あれば

作り方

1 なすはしま模様になるように皮をむいて1.5cm幅の輪切りにする。これをフライパンに入れ、オリーブオイル大さじ1（分量外）をまぶして混ぜておく。（皮の変色を防ぐため油でコーティングする）

2 鶏もも肉はひと口大に切って、塩、こしょうをまぶし、皮目を下にしてなすと一緒に並べ、蓋をして3～4分強めの中火で蒸し焼きにする。

3 こんがり焼けたら上下を返し、フライパンのスペースを空け、オリーブオイルとにんにくを入れる。弱火でジワジワ加熱し、香りが立ったらトマト缶とＡを入れて火を強めトマトを潰しながら強火で5～6分、しっかり煮詰める。

4 トマトがドロリとしてきたら鍋肌からしょうゆを加え、混ぜ合わせて盛り付け、あればパセリを散らす。

\ POINT /

にんにくを加熱

フライパンを傾けてオリーブオイルにひたしながらジワジワ加熱すると香りがグンと出る！

高見えPOINT

真っ赤なトマト煮で
レストラン風！

白いごはんにもワインにも合う！

大葉香るディアボラチキンステーキ

材料・2人分

- 鶏もも肉……………………小2枚（500ｇ）
- 塩、こしょう………………………各少々

〈和風ディアボラソース〉
- 玉ねぎ（みじん切り）……………… ½個
- にんにく（みじん切り）………………1片
- オリーブオイル…………………… 大さじ1

A | しょうゆ、みりん……… 各大さじ1
　　 | オイスターソース………… 小さじ1

- 大葉（みじん切り）…………………5枚

B | レモン汁 ……………………… 小さじ1
　　 | 塩 …………………………… 小さじ⅓

作り方

1 玉ねぎとにんにくをオリーブオイルをひいたフライパンに入れて火にかけ、ジューと音がしてきたら弱火で2分炒めて取り出す。

2 1に**B**と大葉を加えて混ぜ、〈和風ディアボラソース〉を作っておく。

3 鶏もも肉は、塩、こしょうで下味を付ける。皮目を下にして同じフライパンに入れ、ヘラとときどき押しながら5~6分ほど強めの中火でこんがり焼く。上下を返してさらに2〜3分焼いて盛り付ける。

4 同じフライパンに**A**を入れて煮立たせ、とろみがつくまで煮詰める。これを**3**にかけ、**2**のソースをのせる。

※焼いている時に油がたくさん出てきた場合は、キッチンペーパーでふき取る。

\ POINT /
**大葉の代わりに
パセリやバジルでも**
ディアボラソースの大葉をパセリやバジルに代えるとイタリアン風に

\ 高見えPOINT /

パリっと焼けた鶏肉に
さわやかなソースが
格上げ感！

韓国風とシンプル唐揚げの2種食べ比べ!

ヤンニョムチキンとしょうゆ唐揚げ

材料・2人分

- 鶏もも肉 ………………………… 2枚(600g)
- 片栗粉 …………………………… 大さじ4〜5

A
| しょうゆ ………………… 大さじ2と½
| 酒 ……………………………… 大さじ1
| にんにく、しょうがチューブ …各4cm
| ブラックペッパー ………………………少々

B
| コチュジャン、ケチャップ…各大さじ1
| はちみつ ………………………… 小さじ1
| 酢 …………………………………小さじ½

- ピーナッツ …………………………………適量

作り方

1 鶏もも肉はひと口大に切ってビニール袋に入れ、**A**を加えてよく揉み込む。片栗粉を加えて粉っぽさがなくなるまで揉み、取り出して表面に片栗粉(分量外)をしっかりまぶして10分置く。

※時間を置くと片栗粉と調味料がなじんで少し乾燥し、カリカリになる。

2 フライパンに深さ1cmまで油(分量外)を注ぎ180度に熱し、**1**を入れて3分強めの中火で加熱する。上下を返して2分加熱し油を切る(しょうゆ唐揚げ)。

3 ボウルに**B**を合わせ、レンジで30秒加熱する。**2**の半量を加えて和える。盛り付けて、砕いたピーナッツをのせる(ヤンニョムチキン)。

さくさく食感が鶏もも肉と合う

鶏と長いものわさびじょうゆの照り焼き

材料・2人分

- 鶏もも肉 …… 1枚(300g)
- 長いも …………………… 200g
- 塩、こしょう …… 各少々
- 片栗粉 ………………… 小さじ2
- ごま油 ………………… 小さじ2

A
| しょうゆ、酢、砂糖
| ……… 各大さじ1と½
| わさびチューブ … 5cm

- 刻みのり ……………… 適量
- わさびチューブ、マヨネーズ ……… お好みで

作り方

1 鶏もも肉はひと口大に切って、塩、こしょうをまぶし、表面に薄く片栗粉(分量外)をまぶす。

2 長いもは1cm幅の半月切りにしてビニール袋に分量の片栗粉とともに入れ、空気を入れてふる。

3 フライパンにごま油をひいて熱し、鶏もも肉の皮目を下にして並べ入れ、長いもも入れて3分ほど焼く。肉の皮がこんがりしたら上下を返し、長いも同様にして、さらに1分焼く。

4 **A**を加えて絡め、汁気がなくなるまで加熱する。盛り付けて、刻みのりをふり、お好みでマヨネーズとわさびを添える。

麹レモンドレッシングで食べる

バジルの
チキンサラダ

材料・2人分

- 鶏もも肉……………… 大きめ1枚（350ｇ）
- レタス、ベビーリーフなどお好みの
  葉野菜やミニトマトなど………… 適量

A	乾燥バジル、レモン汁……各小さじ1
	オリーブオイル …………… 大さじ1
	塩 ………………………… 小さじ½

B	オリーブオイル …………… 大さじ1
	塩麹、ポン酢…………… 各小さじ2
	レモン汁 ………………… 小さじ1
	にんにくチューブ…………… 1㎝
	砂糖……………………… ひとつまみ

作り方

1 鶏もも肉は半分に切ってビニール袋に入れ、**A**を入れてよく揉み込み15分置く。
2 フライパンに皮目を下にして並べ、火をつけてヘラでときどき押しながら5分ほど焼く。
3 上下を返してさらに2分ほど焼いて取り出し、食べやすい大きさに切る。
4 皿に野菜を敷いて、**3**をのせ、**B**を合わせたドレッシングをかける。

※焼いている時に油がたくさん出てきた場合は、キッチンペーパーでふき取る。

レモンの下味が味付けのアクセント

衣ザクザク塩レモン唐揚げ

材料・2人分

- 鶏もも肉…… 2枚（600ｇ）
- 片栗粉…………… 大さじ4

A	塩 ……… 小さじ1と½
	砂糖………… 小さじ1
	酒 …………… 大さじ1
	レモン汁 …… 大さじ2
	にんにくチューブ‥ 4㎝

| B | 片栗粉………… 100ｇ |
| | 水 ……………… 50cc |

\ POINT /

ザクザク衣
片栗粉の小さな粒ができるようにするのがコツ

作り方

1 鶏もも肉はひと口大に切ってビニール袋に入れ、**A**を加えてよく揉み込み20分置く。
2 ボウルに**B**を合わせて小さな粒ができるように混ぜ、ザクザク衣を作る。
3 **1**の袋に片栗粉を加えて揉み込む。
4 フライパンに深さ1㎝まで油（分量外）を注いで180度に熱し、**3**に**2**をまぶして油の中に入れる。強めの中火で3分、裏返して2分加熱して油を切る。

豚薄切り肉

豚こま肉や豚バラ肉など、使いやすい
豚薄切り肉で、ボリューミー
で高見えするお料理を作ります！

タイ料理の「ヤムウンセン」風！

やわらか豚しゃぶの
エスニックマリネ

＼ 高見えPOINT ／

彩りもきれいな
ごちそうサラダ！

材料・2人分

・豚薄切り肉（こま切れまたは
　しゃぶしゃぶ用）……250g
・トマト ……………………1個
・きゅうり …………………1本
・春雨 ………………………30g
・酒 …………………………適量

A｜ナンプラー、レモン汁
　　………………各大さじ2
　｜砂糖 ……………大さじ1
　｜にんにくチューブ……3cm
　｜赤唐辛子 ……ひとつまみ
・バターピーナッツ（あれば）
　……………………………適量
・大葉またはパクチー……適量
・レモン（あれば）………適量

作り方

1 トマトを大きめの角切りにし
　て種ごとボウルに入れAと
　合わせておく。きゅうりは縦
　2等分に切ってから斜め薄切
　りにする。

2 小鍋に湯を沸かし、春雨を入
　れて表記通りにゆで、ザルに
　あけ食べやすい長さに切る。
　ゆでたお湯はとっておく。

3 同じ湯に酒を加えて煮立たせ
　火を止め、豚薄切り肉を2〜
　3枚ずつ加えて色が変わるま
　でゆがいてザルにあける。

4 1のボウルに水気を切った春
　雨ときゅうり、冷ました豚肉
　を加えて和える。

5 盛り付けて大葉をちぎっての
　せ、あれば、砕いたピーナッ
　ツを散らしレモンを添える。

＼ POINT ／

肉のゆがき方

煮立たせた後、火を止めた
状態で2〜3枚ずつ鍋に入
れる

42

こっくりアボカドがねぎ塩でさっぱり！

やわらか豚しゃぶと アボカドのねぎ塩ポン和え

材料・2人分

・豚薄切り肉（こま切れまたはしゃぶしゃぶ用）‥‥250 g
・アボカド‥‥‥‥‥‥‥‥‥‥‥‥‥‥‥‥‥‥‥‥‥‥‥‥‥‥‥‥1個
・酒‥‥‥‥‥‥‥‥‥‥‥‥‥‥‥‥‥‥‥‥‥‥‥‥‥‥‥‥‥‥適量

〈ねぎ塩ポンだれ〉
・長ねぎ（みじん切り）‥‥‥‥‥‥‥‥‥‥‥‥‥‥‥‥‥‥1本
　　　鶏ガラスープの素、塩‥‥‥‥‥‥‥‥‥‥各小さじ½
A　ポン酢、レモン汁‥‥‥‥‥‥‥‥‥‥‥‥‥各小さじ2
　　　ごま油‥‥‥‥‥‥‥‥‥‥‥‥‥‥‥‥‥‥‥‥大さじ2

・韓国のりフレークまたは刻みのり、ブラックペッパー
‥‥‥‥‥‥‥‥‥‥‥‥‥‥‥‥‥‥‥‥‥‥‥‥‥‥‥各適量

作り方

1 長ねぎは**A**と合わせ、〈ねぎ塩ポンだれ〉を作り、ひと口大に切ったアボカドも加えて和える。
2 小鍋に湯を沸かし酒を加えて煮立たせ火を止め、豚薄切り肉を2〜3枚ずつ加えて色が変わるまでゆがいてザルにあけ粗熱を取る。
3 **1**に**2**を入れて和え、盛り付ける。韓国のりフレークか刻みのりをのせ、ブラックペッパーをふる。

中華料理屋さんの前菜みたい！

やわらか豚しゃぶの 辛ねぎ和え

材料・2人分

・豚薄切り肉（こま切れまたはしゃぶしゃぶ用）‥‥‥‥‥‥‥‥‥‥‥‥‥‥‥250 g
・きゅうり‥‥‥‥‥‥‥‥‥‥‥‥‥‥‥‥1本
・長ねぎ‥‥‥‥‥‥‥‥‥‥‥‥‥‥‥‥‥1本
・メンマ（あれば）‥‥‥‥‥‥‥‥‥‥20 g
・酒‥‥‥‥‥‥‥‥‥‥‥‥‥‥‥‥‥‥‥適量
A　豆板醤、ごま油‥‥‥‥‥‥‥各小さじ2
B　しょうゆ、酢、みそ‥‥‥‥各小さじ2
　　　砂糖‥‥‥‥‥‥‥‥‥‥‥‥‥小さじ1
・ラー油‥‥‥‥‥‥‥‥‥‥‥‥‥お好みで

作り方

1 長ねぎは縦半分に切って斜め薄切りにして水にさらす。水気を絞って、手で裂いたメンマと**A**と和え、辛ねぎを作る。
2 小鍋に湯を沸かし酒を加えて煮立たせ火を止め、豚薄切り肉を2〜3枚ずつ加えて色が変わるまでゆがいてザルにあけ粗熱を取る。
3 ボウルに**B**を合わせて**2**に絡める。たたいたきゅうりと辛ねぎを加えてさっと混ぜ、器に盛る。お好みでラー油をかける。

ポテトの中からチーズがとろーり

マッシュポテトの肉巻きステーキ

材料・2人分

- 豚バラ薄切り肉…4枚（100g）
- じゃがいも ……2個（200g）
- バター ……………………10g
- 牛乳、片栗粉……… 各大さじ2
- スライスチーズ…………2枚
- オリーブオイル……小さじ2

A
ケチャップ、ウスターソース ………各大さじ1と½
みりん、水……各大さじ1
しょうゆ…………小さじ1
にんにくチューブ……3cm

- ブラックペッパー………適量

作り方

1 フライパンにオリーブオイルをひいておく。じゃがいもは皮をむいて小さめに切って耐熱ボウルに入れ、濡らして絞ったキッチンペーパーをかけ、ラップをしてレンジで4分加熱する。

2 熱いうちに潰してバター、牛乳、片栗粉を加えて混ぜ、2つに分ける。

3 中にチーズを小さくたたんで入れ、小判型に成形して肉を巻き、表面に薄く片栗粉（分量外）をまぶしフライパンに置く。

4 火をつけて両面こんがりするまで焼き、蓋をして弱火で3分蒸し焼きにする。

5 Aを入れて照りが出るまで絡める。お皿に盛り付け、ブラックペッパーをふる。

\ POINT /
巻き方
肉は焼くと縮むのでゆるめに巻いて

\高見えPOINT/

薄切り肉とは思えぬボリューム感！

やわらかくてジューシー！

豚こまのミルフィーユ 磯辺とんかつ

材料・2人分

・豚こま切れ肉………… 300 g
・おにぎりのり…………… 2枚
・塩、こしょう………… 各少々
・水溶き小麦粉
　（小麦粉大さじ5、水大さ
　じ4）

・パン粉…………………… 適量
・とんかつソース、からし
　（お好みで）………… 各適量

作り方

1 のりの上に豚こま切れ肉を重ねてのせ、塩、こしょうをふる。
2 水溶き小麦粉を塗ってパン粉をふり、ギュッと押し付けて密着させる。上下を返し、のりの側や側面にも同様に残りの水溶き小麦粉とパン粉をつける。
3 フライパンの深さ1cmまで油（分量外）を注いで170度に熱し、2をのりの面を下にして入れる。触らずに3分、上下を返して2分ほど加熱し、取り出して油を切り、食べやすく切る。お好みでソースやからしをつけて食べる。

＼ 高見えPOINT ／

まるで高級ヒレ肉の
ようなやわらかさ

＼ POINT ／

揉み込む！

のりの上に豚肉を重ね、水溶き小麦粉をたっぷり塗って、パン粉を押し付ける。裏返してのりの側にも同様に衣をつけ、揚げる

豚のうまみを吸った野菜も絶品！

豚こまとなすとオクラの
ねぎだれびたし

揚げ焼き
なすは色鮮やかになる
まで、肉は少しカリっ
とするまで揚げる

材料・2人分

- 豚こま切れ肉 ……………………… 250g
- なす …………………………………… 2本
- オクラ ………………………………… 4本
- 長ねぎ（みじん切り） …………… ½本

A
- しょうゆ ……………… 大さじ2と½
- 酢 ……………………………… 大さじ2
- 砂糖 ………………… 大さじ1と½
- にんにく（すりおろし）、
   鶏ガラスープの素 …… 各小さじ½
- 水 …………………………… 大さじ1
- 豆板醤 ……………………… 小さじ1
- いりごま …………………… お好みで

作り方

1 なすはヘタを取って縦に2等分し、食べ
   やすい大きさに切る。オクラは板ずりし
   てうぶ毛を取り、ヘタを落としてガクを
   ぐるりと切り取る。
2 ねぎと**A**を大きめの容器に合わせておく。
3 フライパンの深さ1cmまで油（分量外）
   を注いで180度に熱し、水気をしっかり
   拭いたオクラとなすを揚げ焼きして油を
   切り、熱いうちに**2**にひたす。
4 豚こま切れ肉はビニール袋に入れて片栗
   粉（分量外）を入れてふり、まんべんな
   く粉をつける。**3**と同じフライパンで肉
   を広げながら両面揚げ焼きして油を切り、
   3に漬ける。

\ 高見えPOINT /

味がしみしみ！
お酒もごはんも進む！

にんにく黄身じょうゆが濃厚！

水菜とえのきの
肉巻きレンジ蒸し

材料・2人分

- 豚バラ薄切り肉（しゃぶしゃぶ用）……… 8枚
- 水菜 …………………… 1株
- えのきだけ ………… ½袋
- 塩、こしょう ……… 各少々

A｜酒 …………… 大さじ1
　｜白だし……… 小さじ2

- いりごま、ポン酢 ……………… お好みで

〈にんにく黄身じょうゆ〉
卵黄1個、しょうゆ、にんにくチューブ……各適量

作り方

1 水菜は4cm長さに切る。えのきは石づきを取ってほぐす。豚バラ肉を広げて水菜とえのきを巻き、耐熱皿に並べる（余った水菜とえのきは皿の底に見えないように敷く）。

2 塩、こしょうをふり、**A**を回しかけ、ラップをしてレンジで5分加熱する（肉の赤いところが残っている場合はひっくり返して再びラップをかぶせ、余熱で火を通す）。

3 お好みでいりごまをふり、〈にんにく黄身じょうゆ〉またはポン酢で食べる。

冷めてもジューシーでお弁当にもぴったり！

豚こまのお好み焼き風
チーズピカタ

材料・2人分

- 豚こま切れ肉 …… 250g
- 卵……………………… 2個
- 塩………………… 小さじ⅓
- こしょう ………… 少々
- 酒………………… 大さじ1
- オリーブオイル ……………… 小さじ2

A｜片栗粉……… 大さじ3
　｜粉チーズ …… 大さじ2
　｜マヨネーズ … 大さじ1

〈お好み風ソース〉
中濃ソース、ケチャップを同量ずつ

- マヨネーズ、青のり、かつおぶし …… お好みで

作り方

1 豚こま切れ肉に塩、こしょう、酒をふって揉み込み下味を付ける。

2 ボウルに卵を割りほぐし、**A**を加えて混ぜる。そこに**1**を加えてよく混ぜる。

3 フライパンにオリーブオイルをひいて中火で熱し、**2**をひと口ぶんずつ入れて焼く。中火のまま3分焼き、まわりが固まってきたら裏返して蓋をし、弱火で4分焼く。

4 しっかり焼けたらお皿に盛り付け、お好み風ソースを塗り、マヨネーズ、青のり、かつおぶしなどをのせる。

揚げてないのに揚げたようなおいしさ

豚こまと
たたきれんこんの
甘辛揚げ

材料・2人分

・豚こま切れ肉…… 250 g	A しょうゆ、みりん
・れんこん… 1節（140 g）	…… 各大さじ1と½
・塩、こしょう …… 各少々	砂糖………… 小さじ2
・酒……………… 大さじ2	にんにくチューブ…3cm
・ごま油………… 大さじ2	・いりごま………… 小さじ2
	・小ねぎ（小口切り）、ブ
	ラックペッパー
	………………各適量

作り方

1 フライパンにごま油をひいておく。れんこんはビニール袋に入れてめん棒や空き瓶などでひと口大にたたき、片栗粉小さじ1（分量外）を入れてまぶす。豚こま切れ肉に、塩、こしょうと酒をふって揉み込み、肉を広げて片栗粉大さじ3（分量外）をまぶす。

2 豚こま切れ肉をフライパンに並べ、強めの中火にかけて3分ほど焼き、こんがりしたら上下を返して同様に焼く。そこにれんこんを加えて炒め合わせる。

3 Aを加えて絡める。照りが出たらすぐに火を止め、いりごまと小ねぎを散らし、ブラックペッパーをふる。

トマトの酸味が絶妙の味わい

豚バラの
トマトしょうが焼き

材料・2人分

・豚バラ薄切り肉…200 g	A しょうゆ、みりん
・トマト………………1個	………… 各大さじ1
・玉ねぎ……………… ¼個	オイスターソース
・しょうが（千切り）…1片	………… 大さじ½
・塩、こしょう …… 各少々	しょうが（すりおろし）
・片栗粉………… 小さじ1	………… 小さじ1
	・ブラックペッパー …適量

作り方

1 トマトは8分の1のくし切りにする。玉ねぎは細いくし切りにする。フライパンに豚バラ肉を入れてキッチンバサミで切り、塩、こしょうをふって薄く片栗粉をまぶす（片面のみでOK）。

2 火をつけて肉をほぐし炒め、すぐに玉ねぎとしょうがを加えて肉の色が変わるまで一緒に炒める。

3 Aを加えて絡め、仕上げにトマトを加えてさっと炒め合わせ、ブラックペッパーをふる。

青菜をたっぷりおいしく食べられる
小松菜と春雨の豚バラポン酢

材料・2人分

- 豚バラ薄切り肉……………… 150g
- 塩、こしょう ……………… 各少々
- 小松菜………………… 1束（250g）
- 春雨 ………………………… 50g
- 水…………………………… 200cc

A	オイスターソース …… 小さじ2
	鶏ガラスープの素 …… 小さじ1
	砂糖………………… 小さじ1〜2
	にんにくチューブ………… 5cm
	輪切りとうがらし ‥ひとつまみ

- ポン酢 ………………………… 大さじ3
- ごま油 ………………………… 小さじ2
- ブラックペッパー …………… 適量

作り方

1 春雨に水をかけて濡らし、春雨がしんなりして切りやすくなったら半分に切る。小松菜は3cm長さに切り、葉と茎に分ける。

2 豚バラ肉をフライパンの中でキッチンバサミで食べやすい大きさに切り、塩、こしょうをふって、火をつけ、炒める。

3 小松菜の茎を加え、豚バラ肉の脂を絡めるように炒める。春雨と水を入れ、**A**を加えて中火で3分ほど混ぜながら煮る。

4 汁気がなくなってきたら小松菜の葉を加えて混ぜ、鍋肌からポン酢を加えて、ざっと炒めたら火を止めてごま油を回しかけ混ぜる。盛り付けてブラックペッパーをふる。

\ 高見えPOINT /

春雨は別ゆで不要。
簡単で
手が込んでる風！

ひき肉

ひき肉はどんな形にも変幻自在！
難しそうと敬遠していたメニューも
チャレンジしてみて！

たっぷり春雨の中華春巻き

材料・2人分

- 豚ひき肉……………………………100ｇ
- 大葉…………………………………10枚
- 春雨…………………………………60ｇ
- にんじん……………………1/3本（50ｇ）
- 細切りたけのこ水煮………………80ｇ
- ニラ…………………………………6本
- 春巻の皮……………………………10枚
- ごま油…………………………小さじ2

- 水溶き片栗粉
  （片栗粉小さじ2、水大さじ1）

A
- 水…………………………………250cc
- しょうゆ、オイスターソース
  ……………………各大さじ1と1/2強
- 鶏ガラスープの素、砂糖、酢
  ……………………………各大さじ1/2
- 酢、からし………………………お好みで

作り方

1 春雨に水をかけて濡らし、春雨がしんなりして切りやすくなったら半分に切る。にんじんは千切りにする。ニラは3cmに切る。細切りたけのこは臭みが気になれば、ザルに入れて熱湯を回しかけ、水気を切る。フライパンにごま油をひいて熱し、豚ひき肉を炒める。色が変わったらにんじんとたけのこを加えて炒め合わせる。Aと春雨を加え、混ぜながら中火で3〜4分煮る。

2 汁気が少なくなってきたらニラを加えてサッと煮て、水溶き片栗粉でとろみを付け、粗熱を取る。

3 春巻の皮のつるつるした面を下にして2を手前に置き、少し先に大葉を置く。手前から巻いて、巻き終わりに水溶き小麦粉（分量外）を付けてとじる。これを10本作る。

※皮に包む際、春雨以外の具材だけが最後に残りやすいので、なるべく均等になるよう意識する。

4 フライパンの深さ1cmまで油（分量外）を注ぎ、170度で両面きつね色になるまで揚げ焼きにする。油をよく切って盛り付け、お好みで酢、からしを添える。

高見えPOINT

透けた大葉が美しい！
おもてなしにも使える一品

＼ POINT ／

巻き方
春巻の皮は、つるつるの面を下側にする。手前に春巻の具材を置き、真ん中より少し先に大葉を置いて巻いていくと大葉が透けて見える

揚げ方
春巻きの半分が浸かるくらいまで油があれば十分ムラなく揚げられる。油からあげる際は、トングで春巻きをしっかり持ち、縦にして余分な油を振り落とすと、冷めてもパリパリに。

油を切る
魚焼きグリルの網の下にキッチンペーパーを敷いて油切りとして使うと、たくさん並べられるし、洗い物もなくて便利！

混ぜるだけのスフレ状ホワイトソースで時短！

餃子皮の絶品ラザニア

材料・2人分

- 合いびき肉 ………………………… 200ｇ
- 餃子の皮 ……………………………… 8枚
- 玉ねぎ ………… 1個（大きいものは½個）
- にんにく …………………………… 1片
- トマト缶（ホール） ………………… 1缶
- 塩、こしょう、ナツメグ ……… 各少々
- オリーブオイル ………………… 大さじ2
- 酒 …………………………………… 50cc

A
| コンソメ ……………………… 小さじ1
| 塩 …………………………… 小さじ½
| 砂糖、ウスターソース …… 各大さじ1

- しょうゆ ………………… 小さじ½〜1

- オレガノ（あれば） …………… 小さじ1
- ピザ用チーズ ……………………… 適量
- パセリ（みじん切り・あれば）……… 適量
- 牛乳 …………………………………… 適量

〈ヨーグルトホワイトソース〉
- プレーンヨーグルト ……………… 150ｇ
- 卵 …………………………………… 1個
- 粉チーズ ………………………… 大さじ2
- コンソメ ………………………… 小さじ1
- 小麦粉 …………………………… 小さじ2

作り方

1 ホワイトソースの材料を混ぜておく。玉ねぎ、にんにくはみじん切りにする。

2 合いびき肉はトレーの上から塩、こしょう、ナツメグをふり、そのまま返して油をひいていないフライパンに入れる。火をつけてこんがりするまで焼き、上下を返す。

3 肉を寄せて空いたスペースに、オリーブオイルとにんにくを入れてフライパンを傾けながら弱火で炒める。香りが立ったら玉ねぎを加えて肉をほぐして合わせ、玉ねぎが透き通ってくるまで炒める。

4 酒を加えて煮立たせアルコールを飛ばし、トマト缶と**A**を加えて混ぜながら強めの火で6〜7分煮る。水分がなくなり、もったりとしてきたら、仕上げにしょうゆとオレガノを加えてミートソースをつくる。

5 耐熱容器に薄くミートソースを敷き、2枚重ねて牛乳にくぐらせた餃子の皮、ホワイトソース、ミートソースの順に繰り返し重ねてのせ、一番上にピザ用チーズをのせ、トースターで10〜15分焼く。あればパセリを散らす。

※途中で焦げそうな場合はアルミホイルをかぶせる。

＼ POINT ／

ホワイトソース

大発明！ ヨーグルトを使って混ぜるだけ。酸味は、食べる時にはトマトソースと一体化するので、気にならなくなる

ミートソース

ひき肉はパックに入った形のままフライパンでこんがり焼きつけ、にんにくは空いたスペースで香りを出す。そのあと、玉ねぎを加えて肉をほぐし、トマト缶を投入する

重ね方

餃子の皮は2枚重ねて牛乳にサッとくぐらせるだけで、もちもちのラザニア食感に！ 下からミートソース、2枚重ねの餃子の皮、ホワイトソース、ミートソース……という順番で重ね、最後はミートソースの上にチーズを

お腹いっぱいになるごちそうスープ

大きな肉団子と白菜のスープ煮

大きな肉団子が
台湾料理テイスト！

材料・2人分

- 豚ひき肉………………250g
- 長ねぎ（みじん切り）……½本
- 白菜（ざく切り）
　　　　………⅛個（300g）
- しいたけ……………… 2〜3枚
- 春雨…………………30g
- 酒…………………100cc
- ごま油…………… 大さじ1
- 水…………………600cc

A
| しょうゆ、みりん
　……… 各大さじ1と½
鶏ガラスープの素
　………………… 小さじ2

B
| 卵…………………1個
しょうが（皮ごとすりおろ
　す）………………1片
しょうゆ………… 小さじ2
塩、こしょう……… 各少々
片栗粉…………… 大さじ2

作り方

1 しいたけは石づきを取って軸は手で裂き、笠の部分は薄切りにする。

2 鍋に水と酒を入れて煮立たせ、**A**を入れてスープを作り、白菜、しいたけを入れる。

3 ボウルに豚ひき肉、長ねぎ、**B**を入れて粘りが出るまでよく混ぜる。6等分に丸め、煮立ったスープの具材の上にのせるようにして入れ蓋をして5〜6分煮る。※肉団子がスープにひたっていなくてOK

4 蓋をあけて春雨を戻さずそのまま入れ、春雨が柔らかくなるまで煮て、仕上げにごま油を加える。

\ POINT /

肉団子
大きな肉団子は丸めて両手で転がし、表面をなめらかに

もやしのにんにく照り焼き
ハンバーグ

材料・2人分

- 豚ひき肉または
  合いびき肉…………250g
- もやし………… 1袋（200g）
- ごま油……………… 小さじ2
- 酒………………………… 大さじ3

A
- 卵 ……………………1個
- 鶏ガラスープの素
  ………………… 小さじ1
- みそ、片栗粉…各大さじ1
- ブラックペッパー
  …………………たっぷり

B
- しょうゆ、みりん
  …………………各大さじ2
- 砂糖……………… 大さじ1
- にんにく（すりおろし）
  …………………………1片

- いりごま、小ねぎ（小口切り）
  ………………………各適量
- マヨネーズ………… お好みで

作り方

1 フライパンにごま油をひいて
おく。もやしは袋の上からよ
く揉んで細かくする。そこに
片栗粉大さじ2（分量外）を
ふり入れ、もやしにまんべん
なくまぶしておく。

2 ひき肉と**A**をボウルに入れて
こね、もやしも加えてこねる。
空気を抜き、小判型に成形し
てフライパンに入れ、強めの
中火にかけて3〜4分焼く。

3 こんがりと焼き色がついたら
上下を返して1〜2分焼き、
酒を加えて蓋をして5分蒸し
焼きにする。

4 フライパンの余分な油をキッ
チンペーパーでふき取り、**B**
を加えて絡める。盛り付けて、
いりごまと小ねぎをのせる。
お好みでマヨネーズをつけて
食べる。

＼ POINT ／

もやしを細かく

もやしは袋の上から
揉んで細かくしてか
ら袋を開けて、片栗
粉を投入。そのまま、
ひき肉に混ぜ込むの
で時短にも！

＼ 高見えPOINT ／

にんにくソースと
ジューシーなもやしが
最高のハーモニー！

見た目もかわいくお弁当にもおすすめ

ひき肉とオクラの豚つくね

材料・2人分

- 豚ひき肉または合いびき
  肉 ………………… 200 g
- オクラ ………………… 8本
- ごま油………… 小さじ1

A
- 片栗粉……… 小さじ2
- 塩 …………… 小さじ⅓
- 酒 …………… 大さじ1

B
- しょうゆ、砂糖、酢
  ………… 各大さじ2
- にんにく、しょうがチ
  ューブ ……… 各3cm

- いりごま、ブラックペッ
  パー ……………各適量

作り方

1 フライパンにごま油をひいて
  おく。オクラはヘタとガクを
  取って塩でこすり、うぶ毛を
  取る。
2 豚ひき肉にAを入れて混ぜ合
  わせ、オクラのまわりにギュ
  ッと握りつける。
3 フライパンに並べ、火をつけ
  て転がしながらこんがり焼く。
4 表面が焼けたら、蓋をして弱
  火で2分蒸し焼きにする。
5 フライパンの油をふき取り、
  Bを加えて照りが出るまで絡
  める。いりごま、ブラックペ
  ッパーをふる。

担々麺味のおかず、ごはんに合う!

坦々風
とろみ豆乳豆腐

材料・2人分

- 豚ひき肉……………………………………150 g
- 木綿豆腐…………………………………1丁（400 g）
- 豆板醤……………………………………小さじ2

A
- 酒、みそ、オイスターソース … 各大さじ1
- にんにく、しょうがチューブ ……各5cm

- すりごま ……………………………… 大さじ3

B
- 無調整豆乳………………………………250cc
- めんつゆ（3倍濃縮）………………… 大さじ3
- 片栗粉……………………………………大さじ1

- ごま油……………………………………小さじ2
- 小ねぎ（小口切り）…………………………適量
- ラー油、花椒…………………………お好みで

作り方

1 フライパンにごま油と豚ひき肉を入れて中
  火で炒め、肉の色が変わり始めたら豆板醤
  を入れてさらに炒める。
2 肉の色が変わったら弱火にして、Aを加え
  て中火に戻し、ひき肉に絡める。火を止め
  てすりごまを入れ、混ぜてそぼろを取り出
  しておく。
3 同じフライパンによく混ぜたBとサイの目
  に切った豆腐を一緒に入れ、火をつける。
  混ぜながら加熱してふつふつとしたら弱火
  にして2分ほど煮る。盛り付けて2と小ね
  ぎをのせ、お好みでラー油、花椒をかける。

CHAPTER **2**

卵、ハム、シーフードミックス、
サバ缶、豆腐etc.で

肉がない日も
しっかりごはん

EGG PROCESSED MEAT,SEAFOODMIX,
CANNED MACKEREL,TOFU

卵

冷蔵庫にいつもあるからこそ、
マンネリ化しやすい卵料理。ここでは、
簡単で、おいしいアイディアレシピをご紹介！

ポン酢で甘すぎないあっさりあん！

ふわふわカニたま風あんかけごはん

材料・2人分

- 卵……………………………………4個
- ニラ…………………………………5本
- カニカマ…………………………40g
  （スティックの場合約4本分）
- ごはん………………………………2膳分
- ごま油……………………………… 大さじ1
- A マヨネーズ…………………… 小さじ1
  鶏ガラスープの素…………… 小さじ½
  こしょう ……………………………少々

〈甘酢あん〉
- ポン酢……………………………… 大さじ3
- ケチャップ、酒、砂糖、片栗粉
  ………………………………………各大さじ1
- オイスターソース ……………… 小さじ1
- 水…………………………………… 150cc

作り方

1 ニラは4cmに切り、カニカマは手で裂く。卵はボウルに割り入れて溶きほぐし、**A**を入れ卵液を作る。〈**甘酢あん**〉は混ぜ合わせておく。ごはんは盛り付けておく。

2 フライパンにごま油をひいて熱し、ニラを入れて中火で30秒ほどサッと炒める。

3 2に卵液を入れて外側からヘラで大きくかき混ぜ、完全に固まりきる前に火を止めてふんわりとしたニラ玉を作り、ごはんの上にのせる。

4 フライパンをきれいにして、混ぜながら〈**甘酢あん**〉の材料を入れ火にかける。とろみがついたら、カニカマを入れて、3にかける。

\ 高見えPOINT /

たくさん入ったカニ（カマ）が贅沢感！あんかけも上品見え

\ POINT /

ニラ玉を焼く
卵液は外側から大きくかき混ぜ完全に固まりきる前に火を止める

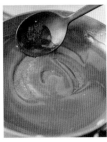

あんを作る
あんの材料を入れて、かき混ぜながら火をつける。このぐらいのゆるさになればOK

カニカマ投入
とろみがついてから、裂いたカニカマを投入して軽く混ぜる。最後に入れると色も鮮やか

ちくわ、トマト、オイスターの旨味攻め！

トマトとふわたまの
オイスター炒め

材料・2人分

・卵		3個
・トマト		1個
・ちくわ		2本
・ごま油		大さじ1
A	鶏ガラスープの素	小さじ½
	マヨネーズ	小さじ1
B	しょうゆ	小さじ½
	オイスターソース	大さじ1
	にんにくチューブ	3cm
・ブラックペッパー		適量

作り方

1 トマトは1/8のくし切りにする。ちくわは斜め薄切りにする。卵はボウルに割りほぐして**A**を混ぜておく。**B**は合わせておく。

2 フライパンにごま油を入れてしっかりと熱し、卵液を加えて大きくかき混ぜ、半熟状態で取り出す。

3 フライパンをきれいにしたら、ごま油小さじ1（分量外）を入れ、トマトとちくわを入れてトマトの両面を中火で焼く。

4 トマトの皮にしわが寄ってきたら、**B**を加えて絡め、卵を戻してほぐし合わせ、皿に盛ってブラックペッパーをかける。

豆腐のおかげで失敗なしのふわふわ感

巻かない豆腐の
だし巻き卵

材料・2人分

・絹豆腐	半丁（150g）
・卵	3個
・小ねぎ（小口切り）	3本
・白だし	大さじ1と½
・サラダ油	適量
・大根おろし	適量

作り方

1 ボウルに豆腐を入れ、泡立て器でなめらかになるまでよく混ぜる。

2 そこに卵を割り入れて溶きほぐし、小ねぎと白だしを加える。

3 卵焼き器にサラダ油を入れてしっかりと熱し、**2**を入れて大きくかき混ぜる。固まってきたら表面をならしてアルミホイルをかぶせ、固まるまで弱火で7〜8分焼く。

4 切って盛り付け、大根おろしを添える。

サラダと合わせて、ビストロの前菜風

しらすとブロッコリーの キッシュ風卵焼き

材料・2人分

- 卵‥‥‥‥‥‥‥‥‥‥‥‥‥‥‥‥‥‥ 3個
- ブロッコリー‥‥‥‥‥‥‥‥‥‥‥‥ 80g
- しらす‥‥‥‥‥‥‥‥‥‥‥‥‥‥‥‥ 40g

A

- 牛乳‥‥‥‥‥‥‥‥‥‥‥‥‥‥‥ 60cc
- マヨネーズ‥‥‥‥‥‥‥‥‥‥ 大さじ1
- ピザ用チーズ‥‥‥‥‥‥‥‥‥‥ 30g
- 塩、こしょう‥‥‥‥‥‥‥‥‥ 各少々
- バター‥‥‥‥‥‥‥‥‥‥‥‥‥‥‥ 10g
- オリーブオイル‥‥‥‥‥‥‥‥‥‥ 適量

作り方

1 ブロッコリーは小房に分け、ボウルに入れラップをかけてレンジで1分加熱し、刻む。

2 卵はボウルに割りほぐし、1 としらす、A を加えて混ぜ合わせる。

3 小さめのフライパンか卵焼き器にバターを入れて熱し、2 を入れて大きくかき混ぜる。固まってきたら蓋かアルミホイルをかぶせ、表面が乾くまで弱火で7〜10分焼く。

4 ひっくり返してまな板に取り出し、好みのサイズに切り分ける。盛り付けてオリーブオイルをかける。

ソースで食べると"グラコロ"の味がする(笑)

ハムと卵の焼き春巻き

材料・2人分(6本分)

- ゆで卵‥‥‥‥‥‥‥‥‥ 3個
- ハム‥‥‥‥‥‥‥‥‥ 6枚
- スライスチーズ‥‥‥‥ 6枚
- 春巻の皮‥‥‥‥‥‥‥ 6枚
- サラダ油‥‥‥‥‥ 大さじ3

A

- マヨネーズ‥ 大さじ3
- 牛乳‥‥‥‥ 大さじ1
- 塩、こしょう‥各少々
- ソース、からし‥ お好みで

\ POINT /

巻き方
こんな感じで具を置いて巻く

作り方

1 ゆで卵をフォークなどで潰し、A を混ぜる。

2 春巻の皮のつるつるした面を下にして置き、手前にハム、1、チーズを置き、巻いて水溶き小麦粉(分量外)でとじる。

3 フライパンにサラダ油を熱し、巻き終わりが下になるように並べ、両面こんがりするまで焼く。油を切って盛り付け、お好みでソースやからしを添える。

ソーセージ・ハム・ベーコン

日持ちするのが嬉しい肉の加工品。安く見えがちですが、合わせる食材や見せ方を変えれば、高見えにできます！

\ 高見えPOINT /

赤・緑・茶・黄の4色の色合いが鮮やか！

\ POINT /

温泉卵の作り方

小さめの耐熱容器に卵を割り入れ、水大さじ2を入れ、爆発防止のため、つまようじで黄身に穴をあけてレンジで40秒加熱。取り出して水を捨てる

焼肉のタレ味が食欲をそそる！

ウインナービビンバ

材料・2人分

- ウインナーソーセージ …… 5本
- にんじん（千切り）
  …………… ¼本（40g）
- 小松菜（3cmに）
  …………… 1束（250g）
- ごはん …………… 2膳分
- 塩 …………… 小さじ½
- ごま油 …………… 小さじ2

- 焼き肉のたれ ……… 大さじ1

A
- しょうゆ、酢、いりごま
  …………… 各小さじ1
- ごま油 …………… 小さじ2
- 鶏ガラスープの素
  …………… 小さじ½

- 白菜キムチ …………… 適量
- 温泉卵または卵黄 …… 2個

作り方

1 ボウルに、にんじん、小松菜の順に入れて、塩をふり、ラップをかけてレンジで2分半加熱して混ぜ、粗熱をとる。

2 1の水気を絞ってAを加えて混ぜ、ナムルをつくる。

3 ウインナーは小口切りにし、ごま油をひいたフライパンで炒める。こんがりしたら焼き肉のたれを加えて照りが出るまで炒める。

4 ごはんを盛り、23とキムチを盛り付け、温泉卵または卵黄をのせる。

ガーリックの香りがたまらない！

ベーコンとキャベツの
ペペロン焼きそば

材料・2人分

- ハーフベーコン…………4枚
- キャベツ……葉2枚（120ｇ）
- にんにく…………………1片
- 焼きそば麺……………2袋
- オリーブオイル………大さじ3
- 輪切りとうがらし
　………………ひとつまみ
- 塩、こしょう…………各少々

A	酒	大さじ2
	コンソメ	小さじ1

作り方

1 にんにくは薄切りに、ベーコンは短冊切りにする。キャベツは手でちぎる。焼きそば麺はレンジで3分加熱し、ほぐしやすくしておく。Aは合わせておく。

2 フライパンにオリーブオイルを入れ、にんにくとベーコンを入れて火にかける。ジューと音がしてきたら弱火にし、香りが出るまで炒める。とうがらしとキャベツを加えて炒め合わせ、塩、こしょうをふる。

3 麺を入れ、Aを入れてほぐしながら炒める。

\ POINT /

にんにくの香り出し

多めのオリーブオイルで、ベーコンとにんにくを弱火でじっくり炒めて香りを出す

\ 高見えPOINT /

パスタよりも
ペペロン味が絡んで、
新発見のおいしさ

甘じょっぱくてスパイシー！

かぼちゃとベーコンの焼き春巻き

材料・2人分

- ハーフベーコン……………………………3枚
- かぼちゃ………………………⅛個（200g）
- スライスチーズ……………………………6枚
- マヨネーズ ………………………… 大さじ1
- 塩、こしょう ………………………… 各少々
- 春巻の皮……………………………………6枚
- サラダ油…………………………… 大さじ3
- カレー塩（カレー粉と塩を2：1で混ぜる）
  ………………………………………適量

作り方

1 ベーコンは2等分に切る。かぼちゃは種とワタを除いてラップに包み、レンジで3〜4分加熱する。皮を取り除いてボウルに入れ、マヨネーズと塩、こしょうを加えてフォークで潰す。

2 春巻の皮のつるつるした面を下にして置き、手前にベーコン、チーズ、1のかぼちゃの順にのせて巻き、水溶き小麦粉（分量外）でとじる。

3 フライパンにサラダ油を入れて熱し、巻き終わりが下にして並べ、両面こんがりするまで焼く。油を切って盛り付け、カレー塩を添える。

おつまみにもおすすめ！

長いもの和風ジャーマンポテト

材料・2人分

- ベーコン（厚切り）…………………… 80g
- 長いも ………………………………… 200g
- オリーブオイル……………………… 小さじ2
- 塩、こしょう ………………………… 各少々
- バター ……………………………………10g
- しょうゆ……………………………… 小さじ1
- 大葉（千切り）……………………… 3枚分
- わさび…………………………………適量

作り方

1 長いもは皮をむいて1cm幅の半月切りにする。ベーコンは5mmの厚さに切る。

2 フライパンにオリーブオイルをひいて熱し、長いもとベーコンを入れ、塩、こしょうをふって焼き付けながら炒める。

3 こんがりしたらバターとしょうゆを入れて絡め、盛り付けて大葉をのせ、お好みでわさびを添える。

\ 高見えPOINT /

ピリ辛、コク旨で
大人仕様の
ナポリタン

豆板醤とラー油で大人味に！

ピリ辛ナポリタンうどん

材料・2人分

- ウインナーソーセージ …5本
- 小松菜………… ½束（125ｇ）
- 冷凍うどん ……………… 2玉
- ごま油………………小さじ2
- A
  - ケチャップ………大さじ3
  - 酒 ………………大さじ1
  - しょうゆ、豆板醤
    …………各小さじ1〜2
- 食べるラー油……… お好みで

作り方

1 冷凍うどんは表記通りに解凍する。ウインナーは斜め切り、小松菜は3cmに切る。

2 フライパンにごま油を熱し、ウインナーをこんがりするまで炒める。小松菜の茎を加えサッと炒め合わせる。

3 うどんを加えてほぐれたら、**A**を加え、小松菜の葉も合わせて炒める。

4 盛り付けて、お好みで食べるラー油をかける。

\ POINT /

小松菜の炒め方

小松菜は、茎だけをウインナーと一緒に先に炒める

冷凍むきえび・シーフードミックス

冷凍むきえびやシーフードミックスを常備して
おけば、肉や魚が何もなくても、
おもてなしにも出せる一品がすぐに作れます。

史上最も簡単なマカロニグラタン

別ゆで不要のワンパングラタン

材料・2人分

- 冷凍むきえび……………………150 g
- 玉ねぎ……………………………½個
- しめじ……………………………½株
- オリーブオイル………………… 大さじ1
- 酒……………………………… 大さじ3
- 小麦粉…………………………… 大さじ2
- マカロニ（ゆで時間9分のものを使用）
  ……………………………………70 g

A
- 牛乳……………………………350cc
- コンソメ ………………………… 小さじ1
- 塩 …………………… 小さじ⅓〜½
- こしょう …………………………少々
- バター ………………………… 15 g
- ピザ用チーズ……………………40 g

作り方

1 むきえびは解凍して下処理する。玉ねぎ
　は薄切りにする。しめじは石づきを取る。

2 フライパンにオリーブオイルと玉ねぎを
　入れて火にかける。ジューと音がしてき
　たら蓋をして弱火にし、ときどき混ぜな
　がら、焦がさないように炒める。

3 玉ねぎがねっとりしてきたらしめじを加
　えて炒め、しんなりしてきたらむきえび
　と酒を加える。ジューと音がしたら蓋を
　して弱火で2分蒸す。

4 小麦粉を加えて粉っぽさがなくなるまで
　混ぜたら**A**とマカロニを加え、煮立って
　からマカロニの表記のゆで時間分、蓋を
　して加熱する。

5 蓋をあけてかき混ぜ、マカロニが柔らか
　くなったらバターとピザ用チーズを加え
　て混ぜる。味をみて足りなければ塩、こ
　しょう（分量外）でととのえる。

6 グラタン皿に移し、お好みでさらにピザ
　用チーズ（分量外）をかけ、焦げ目がつ
　くまでトースターかグリルで加熱する。

※殻付きえびなど、生えびを使用する場合は、3
でえびを取り出して最後に合わせると身が固くな
らない。

\ 高見えPOINT /

とろーり
ホワイトソースの中から、
えびがゴロゴロ！

\ POINT /

えびの下処理
解凍したえびは、背ワ
タがあれば取り、塩と
片栗粉（ともに分量外）
を入れて軽く揉んでか
ら水洗いし水気を切る

えびを蒸す
炒めた玉ねぎとしめじ
に、えびと酒を加えて
えびの旨みを引き出す

マカロニも投入
牛乳とコンソメと一緒
にマカロニも投入。マ
カロニが柔らかくなっ
てくるとソースもとろ
みがついてくる

家にある調味料で作れる！

パッタイ風エスニック焼きうどん

材料・2人分

- 冷凍むきえび……………… 100g
- 卵……………………………… 2個
- 厚揚げ…………………………… 1枚
- もやし………………………… ½袋
- ニラ（3cmに切る）………… 4本
- 塩、こしょう ………… 各少々
- 冷凍うどん ………………… 2玉
- オリーブオイル……… 大さじ1

A
- ケチャップ………… 大さじ2
- オイスターソース、ナンプラー、酢、砂糖 ………… 各大さじ1
- 鶏ガラスープの素 ………… 小さじ1
- にんにくチューブ…… 3cm
- タバスコ ………… 小さじ½

- ブラックペッパー ………適量
- ピーナッツ（あれば）……適量

作り方

1 冷凍うどんは表記通りに解凍する。むきえびは解凍して下処理する（p67参照）。厚揚げは小さめのひと口大に切る。Aは合わせておく。

2 フライパンにオリーブオイルを熱し、むきえびを入れて、塩、こしょうをふり、さっと炒めて取り出す。

3 同じフライパンで厚揚げを炒め、空いているスペースに卵を割り入れる。目玉焼きをくずすように混ぜ、ある程度混ざったらそのまま焼く。

4 固まった卵を大きくほぐし、冷凍うどんとAを加えて炒める。全体に味がまわったらえびを戻し入れ、もやしとニラを加えてサッと炒めて盛り付け、ブラックペッパーをふる。あれば砕いたピーナッツをのせる。

＼ POINT ／

卵の焼き方
卵は目玉焼きをくずすようにしながら、焼いていく

＼ 高見えPOINT ／

難しそうなタイ料理の味と見た目を再現！

映えPOINT

魚介たっぷりで
おもてなしにも！

ガーリックトーストと一緒に
シーフードとブロッコリーのマリネ

材料・2人分

- 冷凍シーフードミックス ………150 g
- ブロッコリー……………½個（100 g）
- 紫玉ねぎまたは玉ねぎ ……………¼個

A
オリーブオイル …………… 大さじ2
レモン汁 ……………………… 大さじ1
砂糖…………………………… 小さじ2
塩、しょうゆ………… 各小さじ½
にんにくチューブ………………2cm
バジル、パセリなどのハーブ
（ドライ／生どちらでもOK）… 適量
タバスコ …………… お好みで少々

- ブラックペッパー ………………… 少々

〈ガーリックトースト〉
- スライスしたバゲット ……………6枚
- バター…………………………………15 g
- オリーブオイル………………小さじ2
- にんにく（すりおろし）……………1片
  （にんにくチューブ5cmでもOK）
- ドライパセリ……………………… 少々

作り方

1 シーフードミックスは半解凍にする。玉ねぎはスライサーなどでごく薄切りにし、水にさらしておく。ブロッコリーは小房にわけ、シーフードのサイズに合わせて大きいものはさらに軸に切り込みを入れて2〜4等分にする。

2 鍋に湯を沸かして塩少々（分量外）を入れ、ブロッコリーを入れて1分半〜2分ほど茹でて水気をよく切る。

3 鍋に再度湯を沸かし（2と同じ湯でもOK）、酒（分量外）を少し加えて再び沸いたら、シーフードミックスを入れて1分半ほど茹でて水気をよく切る。

4 ボウルに**A**を合わせ、2と3、水気をぎゅっと絞った玉ねぎを加え、よく和えて冷蔵庫で冷やす。盛り付けてブラックペッパーをふる。

〈ガーリックトースト〉

1 小さめの耐熱容器にバターとオリーブオイルを入れてレンジで20〜30秒ほど加熱してバターを溶かし、すりおろしにんにくとドライパセリを混ぜる。

2 バゲットに**1**をまんべんなく塗り、トースターで3〜4分焼く。

※パスタに添えたり、p14のとろ〜りチーズやp38のトマト煮に合わせるのもおすすめ！

生クリーム不要ですぐできる！

えびの
トマトクリームパスタ

材料・2人分

・冷凍むきえび……… 150g		塩 …………………小さじ1	
・トマト缶（ホール）… 1缶	A	砂糖…………小さじ2	
・にんにく（みじん切り）		コンソメ ……大さじ½	
…………………… 2片	B	ピザ用チーズ…… 30g	
・オリーブオイル		牛乳……………… 50cc	
…………………大さじ3		・パセリ（みじん切り）	
・スパゲッティ …… 200g		…………………… 適量	

作り方

1 むきえびは解凍して下処理する（p67参照）。1.5リットルの湯を沸かし、塩大さじ1（分量外）を加え、スパゲッティを表示時間より30秒短くゆでる。

2 フライパンにオリーブオイルとにんにくを入れて火にかけ、シュワシュワしたら弱火にして香りを出す。むきえびを加えて炒め、表面の色が変わったらトマト缶と**A**を加えて強めの火で混ぜながら煮詰める。

3 **2**がどろりとしてきたら**B**を入れチーズが溶けたら、ゆで上がったスパゲッティを加える。サッと絡めて火を止め、盛り付け、パセリを散らす。

かいわれと刻みのりはたっぷりがお約束！

磯香る和風海鮮
バターパスタ

材料・2人分

・冷凍シーフードミックス	・酒、ポン酢 … 各大さじ3
…………………… 150g	・バター……………… 10g
・にんにく（みじん切り）	・スパゲッティ …… 200g
…………………… 1片	・かいわれ、刻みのり、ブ
・オリーブオイル…大さじ3	ラックペッパー…各適量

作り方

1 シーフードミックスは半解凍にする。鍋に1.5リットルのお湯を沸かし、塩大さじ1（分量外）を加え、スパゲッティを表示時間より30秒短くゆでる。

2 フライパンにオリーブオイルとにんにくを入れて火にかけ、シュワシュワしたら弱火にして香りを出す。そこにシーフードミックスと酒を加えて混ぜ、煮立ったら蓋をして弱火で2分蒸して完全に解凍させる。

3 スパゲッティのゆで汁をお玉1杯分加え、とろみが付くまで混ぜ合わせる。ゆで上がったスパゲッティを加えて絡めるように混ぜ合わせ、仕上げにポン酢とバターを加えて絡める。

4 皿に盛り付けてかいわれと刻みのりをのせ、ブラックペッパーをふる。

＼高見えPOINT／

きれいな桜色に思わず歓声があがる

超簡単なのにおしゃれ見え

中華風たらこ豆腐

材料・2人分

- 絹豆腐………………………1丁（300ｇ）
- たらこ（皮から出す）………………70ｇ
- 酒……………………………………大さじ1
- 水………………………………………150cc
- 鶏ガラスープの素……………………小さじ2/3
- 水溶き片栗粉（片栗粉、水……各小さじ2）
- ザーサイ（みじん切り）………………10ｇ
- 小ねぎ（小口切り）……………………適量
- ごま油………………………………小さじ2

作り方

1 たらこは酒をふって混ぜておく。絹豆腐はひと口大に切り、キッチンペーパーにのせておく。

2 フライパンに水と鶏ガラスープの素を入れて煮立たせ、豆腐とたらこを入れる。再び煮立ったら1分ほど煮て、水溶き片栗粉でとろみをつける。盛り付けてごま油を回しかけ、ザーサイと小ねぎを散らす。

＼ POINT ／
とろみづけ

いったん火を止めて、分離しないようよく混ぜた水溶き片栗粉を流し込み、よく混ぜて火にかける

サンラータンはごはんにかけてもウマい！

サンラータン風とろみトマト豆腐

材料・2人分

- 絹豆腐 ………………………… 1丁（300ｇ）
- しいたけ ……………………………… 2枚
- 長ねぎ ………………………………… ½本
- トマト ………………………………… 1個
- 卵………………………………………… 1個
- ごま油 ……………………………… 大さじ1

A
| 水 ……………………………… 150cc
| 鶏ガラスープの素 ………… 小さじ2
| しょうゆ、酢 …………… 各大さじ1

- 水溶き片栗粉（片栗粉、水… 各小さじ2）
- ラー油、ブラックペッパー… お好みで

作り方

1 絹豆腐は2重にしたキッチンペーパーに包んでやさしく水気を絞り、ひと口大に切る。卵は溶きほぐす。

2 しいたけは石づきを落とし、かさを薄切りにして軸は手で裂く。長ねぎは斜め薄切り、トマトは1.5cm程度の角切りにする。

3 フライパンにごま油をひいて熱し、長ねぎとしいたけを炒める。しんなりしてきたら**A**を加えて煮立たせ、豆腐を加える。

4 再び煮立ったら中火で2分ほどグツグツ煮て、トマトを加えてサッと煮る。

5 水溶き片栗粉でとろみをつけ、卵を回し入れ、ふんわり固まってきたらひと混ぜして盛り付ける。お好みで、ブラックペッパーとラー油をかける。

＼ 高見えPOINT ／

お肉がなくても
立派な中華の一品に！

ヘルシーだけど旨みがしっかり！

きのこの 和風とろみ豆腐

材料・2人分

・木綿豆腐……………………1丁（400ｇ）
・きのこ（お好みのものを）………150ｇ
・ごま油……………………………大さじ1
A
　水……………………………200cc
　めんつゆ（3倍濃縮）…………大さじ4
　オイスターソース、ポン酢
　　　　　　　　　　　　………各大さじ1
　しょうがチューブ……………………4cm
・水溶き片栗粉（片栗粉、水…各小さじ2）
・小ねぎ……………………………………適量

作り方

1 木綿豆腐は2重にしたキッチンペーパー
に包んでやさしく水気を絞り、ひと口大
に切る。きのこは石づきを取ってほぐす。

2 フライパンにごま油をひいて熱し、きの
こを炒める。しんなりしてきたら**A**を加
えて煮立たせ、豆腐を加える。

3 再び煮立ったら弱火にして2分煮て、水
溶き片栗粉でとろみをつける。盛り付け
て、小ねぎを散らす。

ゴーヤより手軽に作れる

ピーマンと厚揚げの チャンプルー

材料・2人分

・絹厚揚げ……………………………… 1枚
・ピーマン…………………………………4個
・厚切りベーコン……………………100ｇ
・かつおぶし ……………………… 1パック
・ごま油…………………………… 大さじ1
A　めんつゆ（3倍濃縮）、しょうゆ、酒
　　　……………………………各小さじ1

作り方

1 厚揚げ、ピーマンはそれぞれ手でちぎる。
ベーコンは食べやすい大きさに切る。**A**
は合わせておく。

2 フライパンにごま油をひいて熱し、厚揚
げとベーコンを炒める。焼き色がついた
らピーマンを加えてサッと炒め、油が回
ったら**A**を加える。

3 火を止めて、かつおぶしを加えて混ぜる。

\ POINT /

油揚げの包み方

2つに切った油揚げは
すぐに開かないようなら、
箸などを転がして
から開き、裏返して、
じゃがいもを入れる。
とじ目が下になるよう
に折りたたみ、コロッ
ケの形にととのえる

高見えPOINT /

油揚げで包むと簡単に
きれいなコロッケ風に

しょうがじょうゆで食べる

みそバターのお揚げコロッケ

材料・2人分

- 油揚げ ………………………… 3枚
- じゃがいも … 大2個（250ｇ）
- 豚ひき肉 ………………… 100ｇ
- **A** みそ、みりん … 各大さじ1
  しょうゆ ………… 小さじ1
- バター …………………… 10ｇ
- しょうがじょうゆ ……… 適量

作り方

1 じゃがいもは皮をむいてひと口大に
切り、ボウルに入れる。濡らして絞
ったキッチンペーパーをかけ、ラッ
プをかけてレンジで4分加熱。熱い
うちに潰し、バターを入れて溶かす。

2 フライパンに豚ひき肉を入れて炒め
る。肉の色が変わったら**A**を入れて
絡め、火を止めて**1**のボウルに入れ

て混ぜる。これを6等分する。

3 油揚げを半分に切って口を開いて裏
返し、**2**を入れてとじ目を下にし、
コロッケの形にととのえる。

4 トースターやグリルで焼き色がつく
まで加熱し、しょうがじょうゆをつ
けて食べる。

冷めてもおいしいのでお弁当にも！

厚揚げのにんにく じょうゆ唐揚げ

材料・2人分
- 絹厚揚げ………………………………2枚

A
- しょうゆ…………………大さじ1と½
- みりん……………………………大さじ1
- 鶏ガラスープの素……………小さじ⅔
- にんにくチューブ…………………3cm
- 小麦粉………………………………大さじ3
- 片栗粉………………………大さじ2〜3

作り方
1 厚揚げを細かくちぎってボウルに入れ、**A**を入れて混ぜる。
2 小麦粉を加えて粉っぽさがなくなるまで混ぜ、片栗粉を加えてさっくり混ぜる。
3 フライパンの深さ1cmまで油（分量外）を注いで180度に熱し、鶏の唐揚げ程度の大きさに手でギュッとまとめて入れる。表面がカリっとするまで揚げる。

\ POINT /
厚揚げはまとめる
ちぎった厚揚げを片栗粉でまとめて揚げることで本物の鶏肉のような食感になる

肉がなくても十分ガッツリ！

ちぎり厚揚げ回鍋肉

材料・2人分
- 絹厚揚げ………………………………1枚
- キャベツ………………葉2枚（120g）
- ピーマン………………………………2個
- ごま油………………………………大さじ1
- 豆板醤………………………………小さじ1

A
- 甜麺醤、オイスターソース…各大さじ1
- 酒……………………………………小さじ1
- しょうゆ…………………………小さじ½
- にんにくチューブ…………………3cm

作り方
1 厚揚げは油抜きする。厚揚げ、キャベツ、ピーマンはそれぞれ手で食べやすい大きさにちぎる。**A**は合わせておく。
2 フライパンに厚揚げを入れて火にかけ、焼き色がつくまで乾煎りする。火を弱めてごま油と豆板醤を入れてなじませ香りをだし、キャベツとピーマンを加えて炒め合わせる。
3 **A**を加え、サッと炒めて盛り付ける。

サバ缶

缶詰の代表格である、ブームのサバ缶。
貴重な栄養素のEPAやDHAを豊富に含み、
おいしいだけじゃなく健康効果も◎！

＼ POINT ／

かつお粉

かつおぶしの袋を揉ん
で細かい粉にする

＼ POINT ／

サバの味付け

サバ缶の中に直接豆板
醤を入れて味付けすれ
ば、時短だし洗い物も
出ない！

名古屋メシが手軽に！ しかも栄養満点！
サバみそ缶の台湾混ぜそば風

材料・2人分

- サバみそ煮缶
　………… 小1缶（約115g）
- 焼きそば麺 ………… 2玉
- 卵黄 ………… 2個分
- 豆板醤 ………… 小さじ½〜1
- かつおぶし ………… 1パック
- 小ねぎ、ニラ ………… 適量
　（どちらかだけでもOK）

- 刻みのり ………… 適量

A
- ごま油 ………… 大さじ2
- めんつゆ（3倍濃縮）
　………… 大さじ1と½
- 酢 ………… 大さじ1
- オイスターソース
　………… 小さじ2
- にんにくチューブ …… 3cm

- いりごま ………… 適量

作り方

1 サバみそ煮缶は汁気を少し切って缶
の中で身をほぐし、豆板醤を混ぜて
おく。かつおぶしは袋の中で揉んで
粉にする。

2 ボウルにAを合わせて焼きそば麺
を2玉入れて軽くなじませ、ラップ
をしてレンジで3分半加熱してほぐ
し混ぜる。

3 器に麺を盛り付けて1のサバみそ煮
缶と揉んで粉状にしたかつおぶしを
のせ、小ねぎやニラの小口切りと刻
みのりをのせる。中央に卵黄をのせ、
いりごまをふり、よく混ぜて食べる。

外はカリっ、中はジュワーっ！

サバ唐揚げと水菜の おろしポン酢和え

作り方

1 サバ缶は身を取り出して、汁気を軽く切り片栗粉をまぶす。
2 小さいフライパンの深さ5mmくらいまで油（分量外）を注いで180度に熱し、1を入れて両面カリっとするまで揚げ焼きにする。
3 水菜とともに盛り付けて大根おろしをのせる。ポン酢をかけ、お好みで七味とうがらしをふる。

\ POINT /

片栗粉
ボロボロとしていると
ころも片栗粉でぎゅっ
とまとめるようにする

ほっくり甘くて栄養満点！

サバみそと かぼちゃの 炊き込みごはん

作り方

1 米はといでザルにあけておく。かぼちゃはところどころ皮をむいてひと口大に切る。
2 炊飯器の内釜に米を入れてサバ缶を汁ごと入れる。Aを入れて混ぜ、2合の目盛りまで水を注ぎ、かぼちゃをのせて炊く。
3 炊きあがったらサバをほぐしながら混ぜ、茶碗によそって小ねぎを散らす。

軽いのでいくつでも食べられる！

サバしそ餃子

材料・2人分

- サバ水煮缶 ……………………………… 1缶
- キャベツ（みじん切り）
  …………………… 葉1〜2枚（100ｇ）
- 大葉（ちぎる）………………………… 10枚
- 長ねぎ（みじん切り）………………… 10cm
- 餃子の皮………………………………… 18枚
- ごま油 …………………………………… 大さじ1
- 片栗粉 …………………………………… 大さじ1

- A
  - オイスターソース、ごま油
    …………………………………… 各小さじ2
  - しょうゆ ……………………………… 小さじ1
  - しょうが（すりおろし）…………… 1片
- 水溶き小麦粉
  ……………（小麦粉小さじ2、水80cc）
- ポン酢、しょうがチューブ……… 各適量

作り方

1 フライパンにごま油をひいておく。サバ缶は汁気を切ってほぐし、ボウルに入れる。キャベツに塩をふってなじませ、水気が出てきたらギュッと絞ってボウルに加える。

2 大葉、長ねぎを入れ、片栗粉と**A**を加えて混ぜ合わせタネをつくる。

3 餃子の皮の上にスプーンですくったタネをのせ、水をつけてとじ、フライパンに並べる。

4 火をつけて強めの中火で2分焼いたら、水溶き小麦粉を加えて中火にし、蓋をして水がなくなるまで焼く。蓋を取り、仕上げに鍋肌からごま油（分量外）をぐるりと1周回し入れ、羽が色づくまで火を強めてしっかり焼いたら、皿をのせてひっくり返す。ポン酢としょうがをつけて食べる。

※キャベツは塩揉みをしていないので、包んだら水分が出ないうちにすぐ焼いて！

＼ 高見えPOINT ／

香ばしく焼けた
皮の中には
ジューシーな餡が！

＼ POINT ／

包み方
餃子の皮のふちに水をつけてぎゅっと抑えるだけ。ヒダを作る必要はなし！

並べ方
少し横に倒すような感じで円形に並べて。火をつける前だから、焦らず並べられる！

水溶き小麦粉を入れる
水溶き小麦粉は全体にまんべんなく入れ、蓋をして水がなくなるまで焼く

「高見え」のために常備しておきたい
「薬味」と「皮」の保存法

プチプラ食材で高見え料理を作るために一役買うのが、
「薬味」と餃子や春巻などの「皮」。使いたい時にすぐ使えるよう、
下記の方法で保存すると長持ちします。

小ねぎの保存法

いろんな料理で出番の多い小ねぎは、水で洗って小口切りにして、キッチンペーパーを敷いた保存容器などに入れておくと、すぐに使えて便利です。使う時もなるべく、直接手で触らないようにして、キッチンペーパーも時々取り換えると長持ちします。

パセリの保存法

パセリは余ってしまったら、ドライパセリにして保存しています。パセリの葉の部分だけちぎり、キッチンペーパーに載せて（ラップはせずに）電子レンジで3分加熱し、様子を見ながら30秒ずつ延長して加熱。パラパラとほぐれるようになったら、それを、ファスナー付き保存袋などに入れて冷凍します。こうすると、色も緑できれいなまま、長く使うことができます。

大葉の保存法

大葉はまず、水で洗って水気を軽く振って切り、キッチンペーパーを敷いた保存容器に立てて保存します。「立てて保存」するのが大事なので、少し細めの瓶やプラスティック容器などに入れるのがおすすめです。私はこの方法で2週間くらい持たせています。

かいわれの保存法

しばらくするとすぐ黄色くなってしまうかいわれ。買ってきたらすぐに、封を開けてスポンジ部分がしっとりするくらいのお水を入れてラップしておきます。使う時は使う分だけスポンジごと切り取って。スポンジが乾いてきたらまた少し水で湿らせてください。

春巻の皮と餃子の皮の保存法

どちらも冷凍保存ができますので、一回に使う分だけ小分けにして、ファスナー付き保存袋に入れて、空気を抜いて密封しておくと、便利です。使う時は、冷蔵庫に移して解凍し、1枚ずつやさしくはがせば、通常通りに使えます。

CHAPTER 3

にんじん、キャベツ、なす、小松菜、
きゅうり、じゃがいも……etc.

定番野菜12種の
レンチン&和えるだけ
超速副菜

CARROT, CABBAGE, EGGPLANT,
KOMATSUNA,CUCUMBER, POTATO,
CHINESE CABBAGE, TOMATO, MUSHROOM,
PUMPKIN, BEAN SPROUTS, GREEN PEPPER

副菜作りの簡単ルール

副菜は、メイン料理を作っている間に、冷蔵庫にある野菜でパパっと作れると理想的ですよね。
p84から、12種類の野菜について「塩揉みorレンチン＋和えるだけ」で
できる具体的なレシピをたくさんご紹介していますが、
副菜を考える時の基本ルールを頭に入れておけば、
レシピがないものでもいろいろ応用がきくようになります！

STEP 2　味つけ & 和える

メインの味　　　サブ調味料

STEP 1

**生食の野菜は
そのままだったり、
塩揉みしたり。
加熱する野菜は
レンジ加熱します**

（レンジ加熱のコツは
p9や各野菜のページを参照）

塩揉みは塩を全体になじませた後、しっかり水気を絞るのが重要！　細かく切った野菜は、ビニール袋でやると便利。

中華風
&
ナムル風

ごま油

さっぱりサラダ
&
マリネ風

オリーブオイル

クリーミーサラダ風

マヨネーズ

ノンオイル
おひたし
&
和風惣菜風

めんつゆ＋ポン酢

※めんつゆは3倍濃縮を使用

例

塩

こしょう

しょうゆ

白だし

塩こうじ

みそ

オイスターソース

ナンプラー

酢

ポン酢

レモン汁

柚子こしょう

砂糖

豆板醤

コチュジャン

にんにくチューブ

しょうがチューブ

など

+

副菜作りは、下の4つの方向性（メインの味）で考えると、味つけのヒントがわきます。もちろん例外はありますし、野菜によっては味が合わないものもありますが、今ある食材を使ってどれができそうか考えると楽しいですよ。
「中華風＆ナムル風」にしたい時は「ごま油＋サブ調味料＋常備プチ食材」、「さっぱりサラダ＆マリネ風」にしたい時は、「オリーブオイル＋サブ調味料＋常備プチ食材」、「クリーミーサラダ風」にしたい時は「マヨネーズ＋サブ調味料＋常備プ

チ食材」、「ノンオイルおひたし＆和風惣菜風」にしたい時は、「めんつゆ＋ポン酢（＋サブ調味料）＋常備プチ食材」（めんつゆか、ポン酢だけでもOKですが、2つを合わせると深みのある味になります）。なお、「サブ調味料」は塩分や酸味のあるもの、香辛料など。「常備プチ食材」は、それ自体が塩分や旨みのある食材だったり、色みのきれいな食材だったりすると一石二鳥です。具体的な調味料や食材の例は、下のSTEP2の中をご覧ください。

\ COLUMN /

本書で紹介している
レシピ例

常備プチ食材

例

ほぐし鶏

ハム

ベーコン

しらす

ツナ

油揚げ

ちくわ

カニカマ

明太子

漬物（ザーサイ、梅干し、キムチ、たくわん、紅しょうが）

クリームチーズ

海藻類（塩こんぶ、わかめ、ひじき）

天かす

大葉

かつおぶし

など

たたききゅうりのザーサイこんぶ和え→p93
にんじんとささみの中華ナムル→p85

きゅうりとささみの
レモンナンプラーマリネ→p92
にんじんの柚子こしょうレモンラペ→p84

きゅうりとたくわんのわさびマヨ和え→p93
にんじんとハムのシーザー風サラダ→p84

きゅうりとわかめのつゆポン和え→p92
小松菜と油揚げの煮びたし→p90

作っておくと便利な常備プチ食材
レンジほぐし鶏の作り方
冷蔵で3〜4日間保存可。冷凍でも保存可

（ささみ・2本分）

1 ささみは筋を取って（p28参照）、耐熱容器に入れ、酒小さじ2と塩ひとつまみをふってなじませ、ラップをかけてレンジで2分加熱する。

2 粗熱が取れたら、フォークを使ってほぐす。

（むね肉1枚で作る場合）

1枚を手で開いて平らにし、耐熱容器に入れて、酒大さじ1塩小さじ½をふってなじませ、ラップをかけてレンジで4分加熱し、余熱で火を通す。粗熱が取れたらフォークでほぐす。むね肉1枚で、ささみ2本の倍近い量（写真の上がささみ、下がむね肉）ができる。

にんじん

保存もきき、彩りアップも。
添え物にも使えて便利！

POINT
レンジ加熱は、塩をなじませてふんわりとラップをかけて！

しっかり味でごはんのおかずにも

作りおき　おつまみ

にんじんの柚子こしょうレモンラペ

まったり濃厚でワインにも合う

おつまみ

にんじんのたらこクリーム和え

パクパク食べられるシャキシャキサラダ！

作りおき　おつまみ

にんじんとハムのシーザー風サラダ

にんじんの柚子こしょうレモンラペ

材料・2人分

- にんじん（千切り）‥1本（160g）
- 塩‥‥‥‥‥‥‥‥‥‥‥‥小さじ1弱
- A
  - オリーブオイル‥‥大さじ1と½
  - 砂糖‥‥‥‥‥‥‥‥‥‥‥小さじ½
  - 柚子こしょう‥‥‥‥‥小さじ⅓
  - レモン汁‥‥‥‥‥‥‥小さじ1〜2
- レモン‥‥‥‥‥‥‥‥‥‥‥あれば

作り方

1 にんじんはボウルに入れ、塩をなじませ10分置く。

2 水気を絞ってボウルに戻し入れ、Aで和える。あればレモンを添える。

にんじんのたらこクリーム和え

材料・2人分

- にんじん（千切り）‥½本（80g）
- クリームチーズ
  ‥‥‥‥‥‥ 1個（個包装のもの）
- たらこ（皮から出す）‥‥‥ 15g〜
- 塩‥‥‥‥‥‥‥‥‥‥ ひとつまみ
- A
  - オリーブオイル‥‥‥‥大さじ1
  - しょうゆ‥‥‥‥‥‥‥‥‥‥少々
- かいわれまたは大葉‥‥‥‥あれば

作り方

1 にんじんはボウルに入れ、塩をなじませてラップをかけ、レンジで1分加熱する。

2 クリームチーズをちぎり入れ、混ぜて溶かす。粗熱が取れたら、たらこを加え、Aを加えてよく和える。あればかいわれか大葉を添える。

にんじんとハムのシーザー風サラダ

材料・2人分

- にんじん（千切り）‥1本（160g）
- 水菜（3cm幅に）‥‥‥‥‥‥ 1株
- ハム（千切り）‥‥‥‥‥‥‥ 4枚
- 塩‥‥‥‥‥‥‥‥‥‥‥ 小さじ1弱
- A
  - マヨネーズ、粉チーズ
    ‥‥‥‥‥‥‥‥‥ 各大さじ2
  - レモン汁‥‥‥‥‥‥‥小さじ2
  - にんにくチューブ‥‥‥‥‥ 3cm
- ブラックペッパー‥‥‥‥‥‥適量

作り方

1 にんじんはボウルに入れ、塩をなじませ10分置く。

2 水気を絞ってボウルに戻し入れ、ハムとAを加えて和える。水菜を入れてさっくりと混ぜ、盛り付けてブラックペッパーをふる。

にんじんとちくわのめかぶ和え

材料・2人分

・にんじん（千切り）… ½本（80g）
・ちくわ………………………… 1本
・味付きめかぶ……………1パック
・塩……………………………小さじ½
・ポン酢………………お好みで少々

作り方

1 にんじんはボウルに入れ、塩をなじませ10分置く。
2 ちくわは縦半分に切ってから斜めに薄切りにする。
3 1の水気を絞ってボウルに戻し入れ、2とめかぶを混ぜ合わせる。お好みでポン酢を加える。

にんじんとささみの中華ナムル

材料・2人分

・にんじん（千切り）… 1本（160g）
・レンジほぐし鶏（p83）……2本分
・塩……………………………小さじ½
A ┤ ごま油、オイスターソース、酢
　　………………………… 各小さじ1
　　└ にんにくチューブ………… 3cm
・いりごま…………………………少々

作り方

1 にんじんはボウルに入れ、塩をなじませてラップをかけ、レンジで1分加熱する。
2 レンジほぐし鶏を加えてAで和え、いりごまをふる。

にんじんとメンマの黒こしょうナムル

材料・2人分

・にんじん（千切り）… 1本（160g）
・メンマ（太いものは手で裂く）
　　……………………………… 30g
・塩…………………………小さじ1弱
A ┤ ごま油………………………大さじ1
　　酢…………………………小さじ1
　　ブラックペッパー……たっぷり
　　└ にんにくチューブ………… 2cm
・小ねぎ（小口切り）…………適量

作り方

1 にんじんはボウルに入れ、塩をなじませ10分置く。
2 水気を絞ってボウルに戻し入れ、メンマとAを加えて和え、小ねぎを散らす。

松前漬けのような和小鉢に！

おつまみ **にんじんとちくわのめかぶ和え**

ほぐし鶏はツナに変えても！

お弁当　作りおき　おつまみ

にんじんとささみの中華ナムル

メンマはザーサイに変えても OK

作りおき　おつまみ

にんじんとメンマの黒こしょうナムル

キャベツ

安価で通年いつでも買える！
大量消費したい野菜の代表

\ POINT /
細かく切った野菜
の塩揉みはビニー
ル袋でふって揉む
と簡単！

さっぱりとして
いくらでも
食べられる

作りおき　おつまみ

塩揉みキャベツと大葉のしらすごま和え

材料・2人分

・キャベツ（千切り）… ⅛個（200g）
・大葉（千切り）………………… 5枚
・しらす ………………………… 30g
・塩……………………………小さじ½

A
- ごま油……………………小さじ2
- 白だし……………… 小さじ1〜2
- 酢、いりごま……… 各小さじ1

作り方

1 キャベツはビニール袋に入れ、塩を加えてなじませよく揉み込み10分置く。
2 水気を絞ってボウルに入れ、大葉としらす、**A**を加えて和える。

ちょっとした
箸休めにも

お弁当　作りおき　おつまみ

レンジキャベツの梅ツナこんぶ和え

材料・2人分

・キャベツ（ざく切り）
　………………⅛個（200g）
・ツナ缶……………………1缶
・塩…………………小さじ½
・梅干し……………………1個
・塩こんぶ…………………5g

A
- ごま油……………小さじ2
- ポン酢、いりごま
　各小さじ1

作り方

1 梅干しはたたく。キャベツはボウルに入れ、塩をふってなじませ、ラップをかけレンジで3分加熱してすぐに混ぜ、粗熱を取る。
2 水気を絞ってボウルに戻し入れ、軽く油を切ったツナ缶、梅干し、塩こんぶ、**A**で和える。

塩揉みキャベツのコーンコールスロー

作りおき

材料・2人分

・キャベツ（千切り）
　……………⅛個（200g）
・にんじん（千切り）……20g
・コーン缶…………………½缶
・塩…………………小さじ1弱

A
- マヨネーズ…… 大さじ2〜3
- プレーンヨーグルト
　………………… 大さじ1
- 砂糖、酢 ……… 各小さじ½

作り方

1 コーン缶は汁気を切る。キャベツとにんじんはビニール袋に入れ、塩を加えてなじませよく揉み込み10分置き、水気を絞ってボウルに入れる。
2 コーンと**A**を加えて和える。

※ヨーグルトはなくてもOK！
その場合は酢を少し多めに。

ヨーグルトで
さわやかな酸味

レンジキャベツのザワークラウト風

お弁当　作りおき　おつまみ

材料・2人分

・キャベツ（太めの千切り）
　……………………⅛個（200ｇ）
・塩……………………………小さじ1

A ┃ オリーブオイル、粒マスタ
　┃ ード…………………各小さじ2
　┃ 酢……………………………小さじ1

作り方

1 キャベツはボウルに入れ、塩をふってなじませ、ラップをかけレンジで3分加熱する。
2 加熱後すぐに混ぜて粗熱を取り、ボウルに溜まった水分を捨てる（絞らない）。
3 Aを加えてよく和える。

ソーセージとビールに合わせたりホットドックにも！

ひじきで見た目も栄養価もUP！

キャベツとひじきの和風コールスロー

材料・2人分

・キャベツ（太めの千切り）
　……………………⅛個（200ｇ）
・にんじん（千切り）………40ｇ
・乾燥芽ひじき…………………5ｇ
・塩……………………………小さじ½

A ┃ マヨネーズ………大さじ2
　┃ すりごま…………大さじ1
　┃ めんつゆ…………小さじ2

お弁当　作りおき

作り方

1 芽ひじきは熱湯をかけ3分置いて戻し、水気を絞る。
2 キャベツとにんじんは、同じボウルに入れ、塩をふってなじませ、ラップをかけレンジで3分加熱して、すぐに混ぜ、粗熱を取る。
3 水気を絞ってボウルに戻し入れ、1とAを加えてよく和える。

キャベツとわかめのナムル

材料・2人分

・キャベツ（太めの千切り）
　……………………⅛個（200ｇ）
・乾燥わかめ……………………3ｇ
・レンジほぐし鶏（p83）……2本分
・塩……………………………小さじ½

A ┃ ごま油…………………小さじ2
　┃ しょうゆ、酢、白ごま
　┃ ………………………各小さじ1
糸とうがらし………………あれば

作り方

1 わかめは水に浸けて戻し、水気を絞る。
2 キャベツはボウルに入れ、塩をふってなじませ、ラップをかけレンジで3分加熱して、すぐに混ぜ、粗熱を取る。
3 水気を絞ってボウルに戻し入れ、1とレンジほぐし鶏、Aを加えてよく和える。あれば糸とうがらしをのせる。

お弁当　作りおき　おつまみ

ささみの代わりにツナやしらすでも！

なす

トロっ、ジュワーっ！
味が染みやすくおいしい

\ POINT /
レンジ加熱は1本ずつラップでくるんで。加熱後すぐにラップごと、冷水に取る。

天かすがいいお仕事してます！

なすの たぬきおひたし

材料・2人分

・なす ……………… 2本
A めんつゆ …… 小さじ1
　ポン酢 ……… 小さじ2
・天かす、かいわれ
　（小ねぎでも）…各適量

作り方

1 なすは縞模様になるようピーラーで皮をむき、1本ずつラップにくるむ。レンジで3分加熱し、冷水に取って粗熱を取る。包丁で細く切るか、手で食べやすい大きさに裂く。

2 Aを回しかけ、天かすとかいわれを散らす。

おつまみ

夏に嬉しい
さっぱりマリネ

作りおき　おつまみ

なすとミニトマトのマリネ

材料・2人分

・なす ……………… 2本
・ミニトマト ………… 5個
・玉ねぎ（みじん切り）
　………………………… ¼個
・オリーブオイル
　………… 大さじ1と½
A ポン酢 … 大さじ1と½
　砂糖 ………… 小さじ½
　にんにくチューブ
　………………………… 2cm
パセリ（みじん切り）… 適量

作り方

1 ミニトマトは半分に切る。なすはヘタを取ってピーラーで縞模様に皮をむき、1cm幅に切ってボウルに入れる。オリーブオイルを回しかけて全体に絡め、ふんわりとラップをかけてレンジで2分加熱する。

2 玉ねぎは2枚重ねにしたキッチンペーパーにのせ、塩ひとつまみ（分量外）をふって包み、やさしく揉む。水分が出てきたら水で流し、キッチンペーパーごとギュッと水気を絞って辛み抜きし1のボウルに入れる。ミニトマトとAも加えて軽く和え、冷蔵庫でよく冷やし、盛り付けてパセリをのせる。

なすのごまみそ和え

お弁当　作りおき　おつまみ

濃厚だけど大葉で
さわやかに

材料・2人分

・なす ………………2本
・ごま油 ………… 大さじ1
A みそ ………… 小さじ2
　めんつゆ、砂糖
　………… 各小さじ1
　すりごま …… 大さじ2
・大葉（手でちぎる）…2枚

作り方

1 なすはピーラーで縞模様に皮をむいて小さめの乱切りにする。ボウルに入れてごま油をかけて混ぜ、ラップをかけてレンジで3分加熱する。すぐにあけてよく混ぜる。

2 Aを加えて和え、盛り付けて大葉を散らす。

なすの中華マリネ

材料・2人分

- なす ……………………………… 3本
- 長ねぎ（みじん切り）……… ½本

A
- ごま油、酢 ………… 各大さじ1
- しょうゆ ………… 大さじ1と½
- 砂糖 ………………… 小さじ2
- 豆板醤 ………………… 小さじ½
- にんにく、しょうが
  チューブ ……………… 各3cm

作り方

1 なすは縞模様になるようピーラー
で皮をむき、1本ずつラップでく
るむ。レンジで3分30秒加熱し、
冷水に取って粗熱を取る。
2 ボウルに長ねぎとAを合わせ、食
べやすい大きさに切ったなすを加
えて和える。ピッタリとラップを
密着させ、冷蔵庫で冷やす。

味がシミシミだと
おいしい！

かいวれは
水菜でも OK！

なすとツナのエスニックカレーマヨ和え

材料・2人分

- なす ……………………………… 2本
- ツナ缶 ……………………………… 1缶
- かいวれ …………………… ½パック
- 塩 ……………………………… 小さじ⅓

A
- マヨネーズ ……… 大さじ1
- にんにくチューブ …… 2cm
- カレー粉、ナンプラー（ま
  たはしょうゆ）、レモン
  汁 …………… 各小さじ½

作り方

1 かいวれは長さを2等分に切
る。なすは皮をむいて縦半分
に切ってから斜め薄切りにす
る。塩をふって混ぜ、5分置く。
2 なすの水気を絞ってボウルに
入れ、油を切ったツナ缶とかい
われ、Aを加えて和える。

お酒にも合う
なすとみょうがの
ゴールデンコンビ

なすとみょうがのおかかナムル

材料・2人分

- なす ……………………………… 2本
- 塩 ……………………………… 小さじ½
- みょうが ……………………………… 1本
- かつおぶし …………… 1パック
- いりごま …………… 小さじ1

A
- ごま油 …………… 大さじ1
- 酢、しょうゆ … 各小さじ1

作り方

1 みょうがは斜め薄切りにする。
なすは縦半分に切り、斜め薄
切りにして塩をなじませる。
2 なすの水気を絞ってボウルに
入れ、みょうが、かつおぶし、
いりごまとAを加えて和える。

89

小松菜

レンジ加熱でゆでられる！
栄養価も高い青菜の代表格

\ POINT /

レンジ加熱は、茎を下、葉を上にして塩をなじませ、ふんわりとラップをかけて！

甘めのごま和えを梅で風味よく！

小松菜の梅ごま和え

材料・2人分

- 小松菜 ……………… 1束（250g）
- 塩 …………………… 小さじ½
- 梅干し ………………………… 1個
- A
  - めんつゆ …………… 小さじ2
  - 砂糖 ………………… 小さじ1
  - すりごま ………… 大さじ2〜3

作り方

1 梅干しはたたく。
2 小松菜は3〜4cmに切ってボウルに入れ、塩をふってラップをかけ、レンジで2分30秒加熱する。すぐに混ぜて粗熱を取る。
3 水気を絞ってボウルに戻し入れ、1とAを加えて和える。

お弁当　作りおき　おつまみ

作りおき

小松菜と油揚げの煮びたし

材料・2人分

- 小松菜 ………… 1束（250g）
- 油揚げ ……………………… 1枚
- 塩 ………………… ひとつまみ
- A
  - めんつゆ、ポン酢
    ……………… 各小さじ1
- かつおぶし …………… 適量

作り方

1 油揚げは油抜きをして短冊切りにし、ボウルに入れる。
2 小松菜は3〜4cmに切って1のボウルに入れ、塩をふってラップをかけ、レンジで2分30秒加熱する。
3 熱いうちにAを加え、冷まして味を含ませる。盛り付けてかつおぶしをのせる。

定番副菜もレンジで！

ハムをツナに変えてもOK

小松菜とハムの酢じょうゆナムル

材料・2人分

- 小松菜 ………… 1束（250g）
- ハム（千切り）…………… 4枚
- 塩 ………………… 小さじ½
- A
  - ごま油、酢、しょうゆ
    ……………… 各小さじ1
  - にんにくチューブ …… 3cm
  - ブラックペッパー …… 少々

作り方

1 小松菜は3〜4cmに切ってボウルに入れ、塩をふってラップをかけ、レンジで2分30秒加熱する。すぐに混ぜて粗熱を取る。
2 水気を絞ってボウルに戻し入れ、ハムとAで和える。

お弁当　作りおき　おつまみ

小松菜のおかかクリームチーズ和え

材料・2人分

- 小松菜………… 1束（250ｇ）
- クリームチーズ…………2個
- かつおぶし …………………1袋
- 塩……………………小さじ½
- A｜ めんつゆ ………… 小さじ2
  　｜ ポン酢…………… 小さじ1

作り方

1 クリームチーズは手でちぎる。
2 小松菜は3〜4cmに切ってボウルに入れ、塩をふってラップをかけ、レンジで2分30秒加熱する。すぐに混ぜて粗熱を取る。
3 水気を絞ってボウルに戻し入れ、ボウルの端で1とかつおぶし、Aを加えて和え、全体をさっくり混ぜ合わせる。

まろやかなチーズと青菜がマッチ！

お弁当　作りおき　おつまみ

日本酒のおつまみにも！

小松菜とみょうがのおかかこうじ和え

材料・2人分

- 小松菜………… 1束（250ｇ）
- みょうが……………………2本
- かつおぶし ………… 1パック
- 塩……………………小さじ½
- A｜ オリーブオイル、ポン酢
  　｜ ………………各小さじ2
  　｜ 塩こうじ …… 小さじ1〜2

作り方

1 みょうがは縦半分に切ってから斜め薄切りにする。
2 小松菜は3〜4cmに切ってボウルに入れ、塩をふってラップをかけ、レンジで2分30秒加熱する。すぐに混ぜて粗熱を取る。
3 水気を絞ってボウルに戻し入れ、1とかつおぶしを加え、Aで和える。

お弁当　作りおき　おつまみ

小松菜とツナひじきのマヨコーンサラダ

お弁当　作りおき

材料・2人分

- 小松菜…… 1束（250ｇ）
- にんじん（千切り）
  　………………… 40ｇ
- ツナ缶……………… 1缶
- コーン缶
  　…… ½缶（なくても可）
- 乾燥芽ひじき ……… 3ｇ
- 塩……………小さじ½
- A｜ マヨネーズ… 大さじ2
  　｜ めんつゆ …… 小さじ2
  　｜ すりごま …… 大さじ1

作り方

1 芽ひじきは熱湯をかけ3分置いて戻す。コーンは汁気を切る。
2 にんじんと3〜4cmに切った小松菜は同じボウルに入れ、塩をふってラップをかけ、レンジで2分30秒加熱する。すぐに混ぜて粗熱を取る。
3 水気を絞った1と2を合わせ、軽く油を切ったツナ缶とAを加えて和える。

鉄分・カルシウム・ビタミン・たんぱく質が摂れるスーパー副菜

きゅうり

切るだけで、すぐ出せる！
おつまみ野菜として最優秀

\ POINT /

たたききゅうりは
3等分くらいに切っ
てから包丁の腹
で潰し、手で裂く
といい具合に割れ
る！

春雨などを入れて
増量しても！

作りおき　おつまみ

きゅうりとささみの
レモンナンプラーマリネ

材料・2人分

・きゅうり………………………… 1本
・レンジほぐし鶏（p83）…… 2本分
・A
　オリーブオイル、ナンプラー、
　レモン汁、砂糖… 各小さじ2
　にんにくチューブ………… 3cm
　輪切りとうがらし‥ひとつまみ
・ブラックペッパー ………… 適量

作り方

1 きゅうりは縦半分に切ってから斜
　め薄切りにする。
2 レンジほぐし鶏とAを加えて和え、
　冷蔵庫で冷やし、盛り付けてブラ
　ックペッパーをふる。

あと一品に最適！
切って和えるだけ

おつまみ

きゅうりとわかめのつゆポン和え

材料・2人分

・きゅうり……………………1本
・乾燥わかめ ………………5g
・しらす ……………………20g
・A
　めんつゆ、いりごま
　……………… 各小さじ1
　ポン酢…………… 大さじ1

作り方

1 わかめは水につけて戻す。
2 きゅうりは縦半分に切ってか
　ら斜め薄切りにしてボウルに
　入れ、水気を切った1とAを
　加えて和える。
3 盛り付けてふんわりとしらす
　を散らす。

まるで「きゅうりの
○ちゃん」！

パリパリきゅうりの千切りしょうが漬け

材料・2人分

・きゅうり………………………2本
・しょうが（千切り）………1片
・A
　めんつゆ ………… 大さじ3
　ポン酢………… 大さじ1と½
　砂糖 ………………… 小さじ1
　輪切りとうがらし
　………………… ひとつまみ

作り方

1 きゅうりは5mm幅くらいの小
　口切りにして、塩（分量外）
　をまぶして15分置く。
2 ボウルに水気をギューッと絞
　った1としょうが、Aを加え、
　レンジで2分加熱する。その
　まま冷まして冷蔵庫で冷やす。

お弁当　作りおき

カニカマは
ハムに変えても！

きゅうりとカニカマの中華春雨サラダ

材料・2人分

- きゅうり………… 1本
- 春雨 ……………… 30g
- カニカマ………… 50g
- 水………………… 200cc
- A
  - ごま油……大さじ1
  - めんつゆ…大さじ3
  - 酢 ………大さじ2
- いりごま…………適量

作りおき　おつまみ

作り方

1 春雨はサッと水にくぐらせてから半分に切り、ボウルに入れる。水を加え、レンジで5分加熱する。

2 ザルにあけて水気を切ってからボウルに戻し入れ、**A**を加えて冷ます。

3 きゅうりは縦半分に切ってから斜め薄切りにする。カニカマは手で裂く。

4 2にきゅうりとカニカマを加えて混ぜ、冷蔵庫でよく冷やす。盛り付けていりごまをふる。

たたききゅうりのザーサイこんぶ和え

おつまみ

材料・2人分

- きゅうり………… 1本
- 塩こんぶ………… 3g
- ザーサイ（大きいものは粗く刻む）… 20g
- ごま油………小さじ2
- ブラックペッパー
  ……………………適量

作り方

1 きゅうりはヘタを落とし、食べやすい長さに切って包丁の背で潰し、手で割る。

2 ボウルに**1**と塩こんぶ、ザーサイ、ごま油を加えてよく和え、盛り付けてブラックペッパーをふる。

超スピード一品！
ビールがすすむ！

きゅうりとたくわんの
わさびマヨ和え

材料・2人分

- きゅうり…………………… 1本
- たくわん…………………… 30g
- 塩……………………小さじ½
- A
  - マヨネーズ…………大さじ1
  - わさびチューブ…………3cm〜
  - しょうゆ ……………… 少々

作り方

1 きゅうりは小口切りにする。塩をふって揉んで5分置き、水気を絞る。たくわんはいちょう切りにする。

2 ボウルに合わせて**A**で和える。

おつまみ

ツンと香るわさびが
お酒にピッタリ

じゃがいも

保存もきくし、腹持ちもいい。
おかずにもおつまみにも最適

\ POINT /
じゃがいもをレンジ
加熱する時には水で
濡らして絞ったキッ
チンペーパーをかけ
てラップをしてから

子どもにも人気の
やさしい味

コロコロじゃがいもと ベーコンのレンジ煮

材料・2人分

- じゃがいも ………… 2個（200ｇ）
- ハーフベーコン ……………… 4枚
- めんつゆ ………………… 大さじ1
- 砂糖 ……………………… 小さじ1
- ブラックペッパー ………… 適量

作り方

1 じゃがいもとベーコンは1cm角に
切る。じゃがいもをボウルに入れ
て砂糖を入れめんつゆを回しかけ
て混ぜる。じゃがいもにかぶせる
ようにベーコンをのせ、ラップを
かけずにレンジで4〜5分加熱する。
2 すぐによく混ぜて加熱ムラをなく
し、盛り付けてブラックペッパー
をふる。

お弁当　作りおき

ごま油香る
マヨなしポテサラ

お弁当　作りおき　おつまみ

たくわんときゅうりの塩ポテサラ

材料・2人分

- じゃがいも
  …………2個（200ｇ）
- きゅうり ……………… 1本
- たくわん ……………… 70ｇ

A	塩 ……… 小さじ½強
	砂糖 ……… 小さじ1
	ごま油 …… 大さじ2
	酢 ……… 大さじ1

- 刻みのり ………………適量

作り方

1 じゃがいもは皮をむいてひと口大
にカットし、ボウルに入れて濡ら
して絞ったキッチンペーパーをか
ぶせ、ラップをかけレンジで4分
加熱して粗く潰す。**A**を加えてよ
く混ぜる。
2 きゅうりはスライサーで薄切りに
し、たくわんは薄いいちょう切り
にする。これを**1**に加えて混ぜ合
わせ、盛り付けて刻みのりをのせ
る。

ポテトチップスの
ようなやみつき感！

千切りじゃがいものり塩和え

お弁当　作りおき　おつまみ

材料・2人分

- じゃがいも
  ………1個（100ｇ）

A	青のり、オリーブオイル… 各小さじ1
	コンソメ ‥小さじ½
	塩、こしょう …………… 各少々

作り方

1 じゃがいもは皮をむいて千切りに
し、水にさらす。水気を切ってボ
ウルに入れ、ふんわりとラップを
かけレンジで2分加熱する。
2 熱いうちに**A**を加えてよく混ぜ
る。

大葉香るじゃがいもとしらすのホットサラダ

白ワインに合う！

材料・2人分

・じゃがいも
　　　……… 2個（200 g）
・しらす…………40 g
・大葉……………2枚

A｜オリーブオイル、ポン
　｜酢…各大さじ1
　｜にんにくチューブ
　｜……………3cm

・オリーブオイル、ブラ
　ックペッパー、粉チ
　ーズ………各適量

作り方

1 じゃがいもは皮をむいてひと口大
　にカットし、ボウルに入れて濡ら
　して絞ったキッチンペーパーをか
　ぶせ、ラップをかけレンジで4分
　加熱して粗く潰す。

2 Aを加えて和え、盛り付けてしら
　すを散らし、大葉をちぎってのせ
　る。食べる直前にもオリーブオイ
　ルをかけ、ブラックペッパーと粉
　チーズをふる。

お弁当　おつまみ

明太子入りもんじゃ風ポテサラ

カットキャベツ使用
でさらにラク！

材料・2人分

・じゃがいも … 2個（200 g）
・キャベツ（千切り）…30 g
・明太子(皮から出す)…30 g
・白だし……………小さじ1
・マヨネーズ………大さじ2
・ラーメンスナック·· 10 g〜
・小ねぎ……………適量

お弁当　作りおき　おつまみ

作り方

1 じゃがいもは皮をむいてひと口大
　にカットし、ボウルに入れて濡ら
　して絞ったキッチンペーパーをか
　ぶせ、ラップをかけレンジで4分
　加熱して潰す。

2 熱いうちに白だしとキャベツを加
　えて和え、粗熱が取れたら明太子
　とマヨネーズを加えて和える。仕
　上げにラーメンスナックを加えて
　さっくりと混ぜ合わせ、小ねぎを
　散らす。

ソースで食べるお好み焼き風ポテサラ

材料・2人分

・じゃがいも ………… 2個（200 g）
・キャベツ（千切り）………… 30 g
・天かす ……………………… 10 g
・青のり …………………小さじ1
・紅しょうが ……………… 20 g
・白だし…………………小さじ2
・マヨネーズ ………………… 大さじ2
・かつおぶし、お好みのソース
　………………………各適量

作り方

1 じゃがいもは皮をむいてひと口大
　にカットし、ボウルに入れて、濡
　らして絞ったキッチンペーパーを
　かぶせ、ラップをかけレンジで4
　分加熱して潰す。

2 白だし、キャベツを入れて混ぜ、
　粗熱が取れたらマヨネーズを加え
　て和える。

3 天かす、青のり、紅しょうがを加
　えて混ぜ、盛り付けてかつおぶし
　とソースをかける。

夫の
大好物メニュー

お弁当　作りおき　おつまみ

白菜

鍋料理だけじゃもったいない！
淡白な味わいだから何とでも合う

カニカマが
高見えに一役！

作りおき　おつまみ

白菜のカニカマ中華ナムル

味を含んで
くったりおいしい

作りおき　おつまみ

レンジ白菜の梅おかかおひたし

だしレモン味で
さっぱり！

作りおき　おつまみ

塩揉み白菜とハムの和風レモンマリネ

白菜のカニカマ中華ナムル

材料・2人分

- 白菜 ……………………… ⅛個（300ｇ）
- 塩 ……………………………… 小さじ½
- カニカマ……………………………… 4本
- A
  - ごま油…………………………小さじ2
  - 鶏ガラスープの素、オイスターソース、酢 …………………… 各小さじ½
  - にんにくチューブ………………… 3cm
- いりごま…………………………………… 少々

作り方

1 白菜は細切りにしてボウルに入れて塩をふり、ラップをかけレンジで3分加熱する。すぐに混ぜて粗熱を取る。

2 水気を絞った1をボウルに戻し入れ、手で裂いたカニカマとAを加えて混ぜ、盛り付けていりごまを散らす。

レンジ白菜の梅おかかおひたし

材料・2人分

- 白菜 …………………… ⅛個（300ｇ）
- 梅干し……………………………………… 1個
- 塩 ……………………………… 小さじ½
- かつおぶし …………………………… 1パック
- A
  - めんつゆ ……………………小さじ2
  - ポン酢…………………………小さじ1

作り方

1 白菜はざく切りにする。梅干しはたたく。

2 ボウルに白菜を入れて塩をふり、ラップをかけてレンジで4分加熱する。

3 すぐに混ぜてしばらく置き、余熱で火を通す。Aと梅干し、かつおぶしを加え、冷まして味を含ませる。

塩揉み白菜とハムの和風レモンマリネ

材料・2人分

- 白菜 …………………… ⅛個（300ｇ）
- ハム（細切り）…………………………4枚
- 塩こんぶ……………………………………… 5ｇ
- A
  - オリーブオイル、レモン汁 …………………… 各大さじ1
  - 白だし…………………………小さじ2
- ブラックペッパー …………………………適量

作り方

1 白菜は細切りにしてビニール袋に入れ、塩こんぶとAを加えてよく揉み込む。

2 食べる前にハムを加えて和え、盛り付けて、ブラックペッパーをふる。

トマト

そのまま食べてもおいしいけれど
ひと手間かけるとさらにレベルアップ

トマトのツナみそのっけサラダ

材料・2人分
- トマト……………………………中2個
- ツナ缶……………………………1缶
- みそ…………………………小さじ1と½
- ポン酢……………………………小さじ2
- すりごま、小ねぎ……………各適量

作り方
1 トマトはひと口大に切って皿に盛り付ける。
2 ツナ缶は軽く油を切って缶の中にみそを入れて混ぜる。
3 2をトマトにのせて小ねぎを散らし、すりごまとポン酢をふる。

トマトとニラのキムチ和え

材料・2人分
- トマト……………………………1個
- ニラ………………………………4本
- 白菜キムチ………………………50ｇ

A
- ごま油……………………………小さじ2
- 鶏ガラスープの素…………小さじ½
- いりごま…………………………小さじ1
- ブラックペッパー………………適量

作り方
1 トマトはひと口大に切る。ニラは小口切りにする。
2 ボウルにトマト以外の材料を合わせ、食べる直前にトマトを加えて和える。

カルパッチョ風トマトの和風サラダ

材料・2人分
- トマト……………………………1個
- かつおぶし…………………½パック
- 粉チーズ…………………………適量

A
- オリーブオイル………………大さじ1
- しょうゆ………………小さじ½〜

作り方
1 トマトを薄切りにして皿に敷き詰める（切り方p102参照）。
2 かつおぶしと粉チーズをふって、Aをかける。

トマトとみそは
相性バツグン！

おつまみ **トマトのツナみそのっけサラダ**

トマトとキムチの
絶妙ハーモニー

おつまみ **トマトとニラのキムチ和え**

トマト1個で
おしゃれ風！

おつまみ **カルパッチョ風トマトの和風サラダ**

きのこ

ローカロリーで健康効果も大！
ギルティフリーのヘルシー野菜

作りおき　おつまみ

バゲットにのせたり
キリッと冷やして
白ワインと！

きのことハムの粒マスタードマリネ

材料・2人分

- きのこ ……………… 合わせて200g
  （エリンギ、しめじ使用、石づきは取る）
- ハム（千切り）………………… 4枚
- 塩 ……………………………… 小さじ½
- 酒 ……………………………… 大さじ1
- A ┌ オリーブオイル ……… 大さじ1
  │ 酢、粒マスタード …… 小さじ1
  └ 砂糖 …………………… 小さじ½
- パセリ（みじん切り）……… 適量

作り方

1 きのこはボウルに入れて塩と酒をふり、ラップをかけてレンジで3分加熱する。
2 ハムとAを加えて冷蔵庫で冷やし、パセリを散らす。

きのことザーサイの中華風ナムル

作りおき　おつまみ

材料・2人分

- きのこ …………… 合わせて200g
  （まいたけ、しめじ使用、石づきは取る）
- 塩 ……………………… 小さじ½
- 酒 ……………………… 大さじ1
- ザーサイ（大きい時は刻む）・30g
- A ┌ ごま油、酢 ………… 各小さじ1
  └ しょうゆ …………… 小さじ½
- 糸とうがらし ……………… あれば

作り方

1 きのこはボウルに入れて塩と酒をふり、ラップをかけてレンジで3分加熱する。
2 ザーサイとAを加え、冷まして味を含ませる。あれば糸とうがらしを飾る。

ヘルシーな
おつまみにも！

オクラと
和えたり、
和風パスタにも

きのこのおひたし

作りおき　おつまみ

材料・2人分

- きのこ …………… 合わせて200g
  （えのき、椎茸、しめじ使用、石づきは取る）
- A ┌ めんつゆ、酒
  │ ………… 各大さじ1と½
  └ ポン酢 ……………… 大さじ1
- 大根おろし、小ねぎ（小口切り）
  …………………………各適量

作り方

1 きのことAをボウルに入れて混ぜ、ラップをかけてレンジで3分加熱する。
2 大根おろしと一緒に盛り付け、小ねぎを散らす。

かぼちゃ

ホクホクの食感が最高！
甘くしてもピリ辛にしても！

ヨーグルトと
きゅうりで
サッパリ！

お弁当　作りおき

マッシュかぼちゃの ハムマヨサラダ

材料・2人分

- かぼちゃ………………⅛個（200ｇ）
- きゅうり………………………………1本
- ハム（短冊切り）………………4枚
- 塩………………………………小さじ½

A
- マヨネーズ………大さじ2〜3
- プレーンヨーグルト
　　　　　　　　　　…………大さじ1〜2
- 塩、こしょう…………各少々

- ブラックペッパー……………適量

作り方

1 きゅうりは小口切りにして塩をなじませ5分置き、水気を絞る。
2 かぼちゃはところどころ皮をむいてひと口大に切る。ボウルに入れ、ラップをして、レンジで3分加熱する。
3 2をボウルの中で潰し、粗熱が取れたらハムと1とAを加えて混ぜる。盛り付けてブラックペッパーをふる。

※かぼちゃの水分によってヨーグルトとマヨネーズの分量を調整して。

かぼちゃのハニーマスタードマリネ

材料・2人分

- かぼちゃ
　………⅛個（200ｇ）
- オリーブオイル
　……………大さじ1

A
- はちみつ…大さじ1
- 粒マスタード
　…………小さじ2
- 塩、こしょう
　…………各少々

作り方

1 かぼちゃはところどころ皮をむいて小さめのひと口大に切り、ボウルに入れる。
2 オリーブオイルをふり、ラップをかけてレンジで3分加熱する。
3 ラップを外してAを和え、しばらく置いて味をなじませる。

甘さがおいしい

お弁当　作りおき　おつまみ

レンジとは思えない
ホクホクかぼちゃ

お弁当　作りおき　おつまみ

かぼちゃの韓国風ごま和え

材料・2人分

- かぼちゃ
　………⅛個（200ｇ）

A
- しょうゆ …小さじ1
- みりん……小さじ2

B
- ごま油、コチュジャン、すりごま
　………各小さじ1

- 黒ごま……………適量

作り方

1 かぼちゃはところどころ皮をむいて小さめのひと口大に切り、ボウルに入れる。
2 Aを回しかけてラップをかけ、レンジで3分加熱する。
3 ラップをしたままボウルをゆすって混ぜ、そのまま3分ほど蒸らし、Bを加えて和える。盛り付けて黒ごまをふる。

もやし

ローカロリーで栄養豊富
しかも安くてコスパ最強！

作りおき　おつまみ

かいわれは大葉に
変えてもOK！

もやしとちくわの梅マリネ

材料・2人分

- もやし ……………………… 1袋
- ちくわ ……………………… 2本
- かいわれ …………………… ½パック
- 梅干し ……………………… 1個

A
| オリーブオイル ……… 小さじ2
| めんつゆ ……………… 小さじ1
| 白だし ………………… 小さじ½

作り方

1 梅干しはたたく。ちくわは縦半分に切ってから斜め薄切りにする。かいわれは根を落として2等分に切る。
2 もやしはボウルに入れてラップをかけ、レンジで2分加熱してすぐに混ぜ、粗熱を取る。
3 水気を絞ってボウルに戻し入れ、1とAを加えて和える。

もやしとえのきのキムチナムル

作りおき　おつまみ

材料・2人分

- もやし …………………… 1袋
- えのきだけ ……………… ½袋
- 白菜キムチ（大きい時は切る）
  ……………………… 70g
- 塩 ………………………… 小さじ½

A
| ごま油 ………………… 小さじ2
| しょうゆ、酢 …… 各小さじ1
| 韓国のりフレーク
| ……………… ひとつかみ

作り方

1 もやしはボウルに入れる。えのきだけは石づきを落として食べやすい長さに切り、もやしの上にのせる。塩をふり、ラップをかけレンジで3分加熱してすぐに混ぜ、粗熱を取る。
2 水気を絞ってボウルに戻し入れ、白菜キムチとAを加えて和える。

止まらない
無限レシピ！

マヨ和えに
柚子こしょうが
キリリッ！

作りおき　おつまみ

もやしとささみの柚子こしょうマヨサラダ

材料・2人分

- もやし …………………… 1袋
- きゅうり ………………… 1本
- レンジほぐし鶏（p83）
  ……………………… 2本分
- 塩 ………………………… 小さじ½

A
| マヨネーズ ……… 大さじ2
| めんつゆ、みそ
| ……………… 各小さじ1
| 柚子こしょう …… 小さじ½

作り方

1 もやしはボウルに入れてラップをかけ、レンジで2分加熱してすぐに混ぜ、粗熱を取る。
2 きゅうりは縦半分に切ってから斜め薄切りにして塩をふって5分置く。
3 水気を絞った1と2を合わせ、レンジほぐし鶏とAを加えて和える。

ピーマン

独特の青臭さが癖になる！
生も加熱も両方おいしい

作りおき おつまみ

くたくたピーマンの煮びたし

材料・2人分

- ピーマン……………………………5個
- かつおぶし ………………… 1パック
- しょうがチューブ ……………… 2cm
- A　めんつゆ、ポン酢、みりん
　　　　　　　　………………各大さじ1

作り方

1 ピーマンはヘタと種を取り、縦半分に切ってボウルに入れ、Aを入れラップをかけてレンジで4分加熱する。
2 かつおぶし、しょうがチューブを加え、冷まして味を含ませる。

キンキンに
冷やしてもおいしい！

ピーマンとえのきの塩こんぶ中華ナムル

お弁当 作りおき おつまみ

材料・2人分

- ピーマン………………………4個
- えのきだけ ………………… 1/2袋
- 塩……………………… ひとつまみ
- 塩こんぶ…………………… 3g
- A　ごま油………………… 小さじ2
　　ポン酢………………… 大さじ1
　　オイスターソース
　　　　　　　………………… 小さじ1
　　にんにくチューブ…… 3cm
- 糸とうがらし………………… あれば

作り方

1 えのきだけは石づきを落として長さを3等分に切る。ピーマンはヘタと種を取り、繊維を断つ方向に千切りにする。
2 ボウルにえのきだけ、ピーマンの順に入れ、塩をふってラップをかけてレンジで3分加熱する。
3 すぐに混ぜ、塩こんぶとAを加えて和える。あれば糸とうがらしを飾る。

ポン酢＋オイスターで
やみつき味

生ピーマンの
おいしさ
味わってみて！

おつまみ

生ピーマンのしらすのっけ

材料・2人分

- ピーマン……………………3個
- しらす ……………………30g
- A　オリーブオイル … 大さじ2
　　ポン酢………… 小さじ2
- ブラックペッパー……… 適量

作り方

1 ピーマンはヘタと種を取り、千切りにして器に盛り付け、しらすをのせる。
2 Aを回しかけ、ブラックペッパーをふる。

きれいに見えて、しかもラク！
副菜を高見えさせる「切り方」のコツ

特に生に近い状態で食べるものの場合、
切り方は見映えに大きく影響します。
きれいに見える切り方のコツを
ポイントをしぼって紹介します！

ラクできれい！ にんじんの千切り

p11でも紹介しましたが、にんじんの千切りは「千切りピーラー」がとても便利です。私はダイソーのものを使っています。ピーラーでできる千切りは、長さが長いので、それを3等分くらいに包丁で切って使うとちょうどよい感じです。

トマトを美しく並べるための切り方

トマトはまずヘタを取って、ヘタを下にして半分に切り、ヘタのあった方を右にしておいて、包丁をすべらせるようにして切っていきます。切れたらどちらか一方向に倒してそのままお皿に盛り付けます。輪切りよりも安定しやすく、しかも美しく並べられるのでおすすめです。

きゅうりを細長く切りたい時は

きゅうりを細長く切る時は、縦半分に切ってから斜め薄切りにすると、皮の濃い緑のところと中の薄い緑のところが両方見えるので、和えものにした時にきれいです。しかも、普通の千切りや細切りよりも、安定するので切りやすい！一石二鳥です。

ちくわを安っぽく見せない切り方

ちくわも輪切りにせず、縦半分に切ってから斜めに薄切りすると、まるで「いかくん」のよう。また、p20で紹介したように、開いて裏側に格子状の切れ目を入れるとまるで「いか刺し」です。ちくわはまだまだ可能性がありそうです。

クリームチーズのイラっとしない切り方

クリームチーズを包丁やナイフで切ると、くっついてきて、ボロボロになりますよね。クリームチーズはサイコロ状に手で割ったほうがきれいです。温度が上がって柔らかくなると割りにくいので、直前まで冷蔵庫に入れておくのがコツです。

お料理が映えて、出番が多い！
「器選び」のポイント

「高見え」のためには、お料理だけでなく、「器」が大事なことは言うまでもありません。
少し立ち上がりがあって汁気のある料理も入れられる平たいお皿が使いやすく、
小鉢のように直径が小さくて深さがあるものは意外に使いにくいです。

オーバルっぽい器

意外に出番が多いのが、オーバルやひし形など、「円」よりも「だ円」に近い形の器です。お料理ものせやすく、円のお皿の中に一つでもあると、食卓に変化が生まれます。

縁取りがかわいい器

上から見た時に、縁が少し波打っていたり、お花のような形をしていたりして、変化のある器も使いやすいです。いずれもあまり深さのない平たい形のもののほうがベターです。

黒い器

のせるだけで、突然、料理がきゅっと引き締まり、格調高く見えるのが黒い器です。中でも、あまり艶のない、マットな質感のものが、一番料理を高見えさせてくれます。

青い器

鮮やかな色の器は使いにくいものが多いですが、唯一の例外が青い器です。和食にも洋食にも合います。とくに鮮やかなブルーの器は、エスニックっぽい料理にもよく合います。

本書の「たれ・ドレッシング」を使い回して、
こんな一品も作れます！

本書のレシピで出てくる「たれ」や「ドレッシング」は他の料理にも応用が利きます。
一例をあげてみましたので、ぜひ、いろんな可能性を試してみてください。

※特に半量などのの表記がない場合、各レシピページのたれ全量を使用しています。
分量は基本、2人分ですが、パスタのみ1人分です。

中華ねぎソース（p16）を使って

ぶりの中華ねぎソース

1 ぶり2切れは塩をふって10分置き、出てきた水分をふく。
2 小麦粉を薄くまぶしてごま油をひいたフライパンで焼く。
3 盛り付けて中華ねぎソースをかける。

フライパン蒸し野菜
（ブロッコリー、かぼちゃ、きのこ、キャベツ）

1 野菜は食べやすい大きさに切る。
2 フライパンにアルミホイルを敷いて野菜を並べ、ホイルの下に水100ccを注ぐ。
3 中火で野菜が柔らかくなるまで蒸して盛り付け、中華ねぎソースをかけて食べる。

チヂミのたれ（p32）を使って

ズッキーニとえのきのジョン

1 ズッキーニ1本は輪切り、えのき¼袋は食べやすい大きさに裂く。それぞれに小麦粉をまぶす。
2 卵1個を溶きほぐし塩、こしょうを加えて混ぜる。
3 1を卵液にくぐらせ、ごま油をひいたフライパンで両面焼く。盛り付けてたれを添える。
   ※ズッキーニは輪切りとうがらしをのせると彩りがよくなる。

水餃子

1 水餃子（市販品）は表記どおりにゆでる。
2 水気を切って皿に盛り付け、たれをかけてパクチーをのせる。

シーザー風ドレッシング（p23）を使って

ほうれん草とベーコンのシーザーソテー

1 ベーコンとほうれん草は食べやすい長さに切ってバターで炒める。
2 塩、こしょうで味をととのえ、皿に盛り付ける。
3 シーザー風ドレッシングをかける。

焼きキャベツとウインナーの
ホットシーザーサラダ

1 キャベツ⅛個はくし切りにする。ウインナーは切り込みを入れる。

2 フライパンにオリーブオイルを熱し、キャベツとウインナーを焼き色がつくまで焼く。
3 ウインナーを取り出して水を加え、キャベツを蒸し焼きにする。
4 ウインナーとキャベツを盛り付けて、シーザー風ドレッシング（半量）をかける。

キムチタルタル（p34）を使って

キムチタルタル厚揚げ南蛮

1 厚揚げ2枚は食べやすい大きさに切って片栗粉をまぶす。
2 フライパンにごま油をひいて熱し、厚揚げを焼く。
3 焼き色がついたら、しょうゆ、酢、砂糖を大さじ1と½ずつ加えて照りが出るまで絡める。
4 盛り付けてキムチタルタルをかける。

キムチタルタルカレー

1 お好みのカレーを盛り付ける。
2 キムチタルタルをのせ、混ぜて食べる。

香味中華だれ(p35)を使って

ししゃもとなすの香味南蛮

1 なす2本はしま模様に皮をむき、縦4等分に切る。ししゃも5〜6本は片栗粉をまぶす。
2 フライパンにごま油を熱し、なすとししゃもを揚げ焼きにする。
3 香味中華だれに漬け込み、よく冷やす。

中華風香味
漬けまぐろ丼

1 まぐろ180gは食べやすい大きさに切る。
2 香味中華だれ（半量）に入れて冷蔵庫で10分漬け込み、ごはんにのせる。

ディアボラソース(p39)を使って

たことエリンギの
エスカルゴ風
チーズパン粉焼き

1 たこ100gはぶつ切り、エリンギ2本は小さめの乱切りにする。
2 耐熱皿に1を入れてディアボラソースをかける。
3 粉チーズ、パン粉、オリーブオイルをかけ、トースターで焼く。

ディアボラ
和風ハンバーグ

1 お好みのハンバーグを焼く。
2 ディアボラソースをのせ、ポン酢をかけて食べる。

にんにく黄身じょうゆ
(p47)を使って

かつおのたたき

1 かつおのたたきをオニオンスライスと共に盛り付ける。
2 にんにく黄身じょうゆを添え、付けて食べる。

ニラのおひたし

1 ニラは塩を加えた熱湯で30秒ほどゆでて冷水に取り、食べやすい長さに切る。
2 にんにく黄身じょうゆをのせ、よく混ぜて食べる。

にんにくねぎみそ(p36)を使って

焼きおにぎりと焼きしいたけ

1 おにぎりを作り、にんにくねぎみそをのせる。
2 しいたけは軸を取り（軸はみそ汁やスープなどに入れる）にんにくねぎみそをのせる。
3 トースターでどちらもこんがりするまで焼く。

おつまみきゅうりとキャベツ

1 きゅうりはスティック状に切り、キャベツは手でちぎる。
2 にんにくねぎみそを添え、付けて食べる。

ねぎ塩ポンだれ(p43)を使って

たことたたききゅうりのねぎまみれ

1 たこ100gは薄切りにする。きゅうり1本はたたく。
2 ねぎ塩ポンだれの半量を加えて和える。

鮭とアスパラの
ねぎ塩和え

1 生鮭2切れは塩をふって10分置き、出てきた水分をふき、食べやすい大きさに切って表面に片栗粉をまぶす。アスパラガス4〜5本はガクを取って食べやすい長さに切る。
2 フライパンにごま油をひいて熱し、鮭とアスパラガスを焼く。
3 ボウルでねぎ塩ポンだれと和え、盛り付ける。

梅柚子こしょうだれ(p37)を使って

しらすの梅柚子こしょう冷製パスタ

1 梅柚子こしょうだれの材料を合わせて、レンジで30秒加熱して冷ます。
2 パスタ100gを表記より1分多くゆで、冷水で締める。
3 ボウルに1と水気を切った2、オリーブオイル大さじ2を合わせて盛り付け、しらすとかいわれをトッピングする。

トマトの
梅柚子こしょうサラダ

1 梅柚子こしょうだれの材料を合わせてレンジで30秒加熱して冷ます。
2 トマトを薄切りにして1をかけ、大葉をちぎってのせる。

おわりに

最後まで目を通してくださりありがとうございました。

プチプラで高見え！
ファッションでよく使われる言葉ですが、
なんていい響きなんだろう〜！と思います。お得が大好き（笑）。

スーパーでいつも買う食材が特売になっていたら、主婦なら誰だって嬉しいと思います。そのすごく小さな幸せをお家に持ち帰って、料理を通してもっと大きくしていく。
高見えごはんが作れたら嬉しいし、家族に喜ばれたら最高の気分です。そんな日々のお手伝いができたらといつも思っています。

でも、今日は家にあるもので何とかしなければ……というときもあると思います。すこし投げやりだったり、やる気が出ない日、材料が少ない日でも、「どうせやるなら」見映えよくおいしいごはんを目指せるといいですよね。
そんな困ったときにもこの本を開いていただき、そのタイミングでもお役に立つことができたら、とても嬉しいです。

私自身も、料理はまだまだ勉強中で、いつも挫折と喜びを繰り返しながら（笑）、ごはんを作り続けています。
本書を手にとってくださったみなさまと、これからもいっしょに、ごはん作りをがんばりすぎずに続けていけたらと思います。

2021年　8月　ぽんこつ主婦　橋本彩

料理
がんばるぞー！！

INDEX

108

はしもと あや
橋本 彩

料理家。ライフスタイル系のWEBメディアにて料理家として勤務したのち、独立。料理初心者でも誰かに作ってあげたくなる簡単ボリューミーな料理や、定番食材なのに、食材や調味料の掛け合わせや作り方などをひとひねりした「高見え」するレシピが大人気。夫から愛情こめて「料理以外はぽんこつ」と言われたことをきっかけに「ぽんこつ主婦」の名前でInstagramで料理レシピを発信、現在のフォロワーは約27万人。一つの投稿に料理のコツや工程を載せた分かりやすい「スワイプレシピ」が大好評。著書に「ぽんこつ主婦のこっそりラクして絶品ごはん」（KADOKAWA）がある。

Instagramアカウント　@ponkotsu_0141
オフィシャルレシピサイト
"週末ふうふじかん"　https://www.fu-fujikan.com/recipe

ぽんこつ主婦の
いつもの食材で
パパっと"高見え"レシピ

2021年 9 月 7 日　第 1 刷発行
2021年 9 月28日　第 2 刷発行

著者　橋本 彩
発行所　ダイヤモンド社
　　　　〒150-8409　東京都渋谷区神宮前6-12-17
　　　　https://www.diamond.co.jp/
　　　　電話／03・5778・7233（編集）　03・5778・7240（販売）

撮影　松園多聞、橋本彩

ブックデザイン　岡睦、更科絵美（mocha design）

校正　NA Lab.

撮影協力　UTUWA

製作進行　ダイヤモンド・グラフィック社

印刷／製本　ベクトル印刷

編集担当　井上敬子

©2021　Aya Hashimoto

ISBN　978-4-478-11379-0